Direito Agrário

O GEN | Grupo Editorial Nacional – maior plataforma editorial brasileira no segmento científico, técnico e profissional – publica conteúdos nas áreas de concursos, ciências jurídicas, humanas, exatas, da saúde e sociais aplicadas, além de prover serviços direcionados à educação continuada.

As editoras que integram o GEN, das mais respeitadas no mercado editorial, construíram catálogos inigualáveis, com obras decisivas para a formação acadêmica e o aperfeiçoamento de várias gerações de profissionais e estudantes, tendo se tornado sinônimo de qualidade e seriedade.

A missão do GEN e dos núcleos de conteúdo que o compõem é prover a melhor informação científica e distribuí-la de maneira flexível e conveniente, a preços justos, gerando benefícios e servindo a autores, docentes, livreiros, funcionários, colaboradores e acionistas.

Nosso comportamento ético incondicional e nossa responsabilidade social e ambiental são reforçados pela natureza educacional de nossa atividade e dão sustentabilidade ao crescimento contínuo e à rentabilidade do grupo.

Michel **Havrenne**

COORDENAÇÃO
Renee do Ó **Souza**

Direito Agrário

- O autor deste livro e a editora empenharam seus melhores esforços para assegurar que as informações e os procedimentos apresentados no texto estejam em acordo com os padrões aceitos à época da publicação, e todos os dados foram atualizados pelo autor até a data de fechamento do livro. Entretanto, tendo em conta a evolução das ciências, as atualizações legislativas, as mudanças regulamentares governamentais e o constante fluxo de novas informações sobre os temas que constam do livro, recomendamos enfaticamente que os leitores consultem sempre outras fontes fidedignas, de modo a se certificarem de que as informações contidas no texto estão corretas e de que não houve alterações nas recomendações ou na legislação regulamentadora.

- Data do fechamento do livro: *11.02.2022*

- O Autor e a editora se empenharam para citar adequadamente e dar o devido crédito a todos os detentores de direitos autorais de qualquer material utilizado neste livro, dispondo-se a possíveis acertos posteriores caso, inadvertida e involuntariamente, a identificação de algum deles tenha sido omitida.

- **Atendimento ao cliente: (11) 5080-0751 | faleconosco@grupogen.com.br**

- Direitos exclusivos para a língua portuguesa
Copyright © 2022 by
Editora Forense Ltda.
Uma editora integrante do GEN | Grupo Editorial Nacional
Travessa do Ouvidor, 11 – Térreo e 6º andar
Rio de Janeiro – RJ – 20040-040
www.grupogen.com.br

- Reservados todos os direitos. É proibida a duplicação ou reprodução deste volume, no todo ou em parte, em quaisquer formas ou por quaisquer meios (eletrônico, mecânico, gravação, fotocópia, distribuição pela Internet ou outros), sem permissão, por escrito, da Editora Forense Ltda.

- Capa: Bruno Sales Zorzetto

- **CIP – BRASIL. CATALOGAÇÃO NA PUBLICAÇÃO.
SINDICATO NACIONAL DOS EDITORES DE LIVROS, RJ.**

H323d

Havrenne, Michel François Drizul
Direito agrário / Michel François Drizul Havrenne; coordenação Renee do Ó Souza. – 1. ed. – Rio de Janeiro: Método, 2022.
232 p.; 21 cm. (Método essencial)

Inclui bibliografia
ISBN 978-65-5964-484-1

1. Direito agrário – Brasil. 2. Serviço público – Brasil – Concursos. I. Souza, Renee do Ó. II. Título. III. Série.

22-76030   CDU: 349.42(81)

Meri Gleice Rodrigues de Souza – Bibliotecária – CRB-7/6439

Sumário

Capítulo 1
Considerações preliminares sobre o Direito Agrário e sua autonomia 1

1.1 Introdução 1
1.2 Aspectos históricos e legislação 3
1.3 Autonomia do Direito Agrário no Brasil 5
    1.3.1 Autonomia legislativa 5
    1.3.2 Autonomia científica 6
    1.3.3 Autonomia jurisdicional 6
1.4 Relações do Direito Agrário com outros campos do Direito 7
1.5 Objeto de análise 8
1.6 Fontes do Direito Agrário 9
1.7 Instrumentos do Direito Agrário 13
1.8 Conceitos gerais 16
    1.8.1 Imóvel rural x propriedade rural 16
    1.8.2 Propriedade familiar e módulo rural 18
    1.8.3 Módulo de Exploração Indefinida (MEI) 21
    1.8.4 Módulo fiscal 22
    1.8.5 Fração Mínima de Parcelamento (FMP) 26
    1.8.6 Minifúndio x latifúndio x empresa rural 31
    1.8.7 Invasão x ocupação 34
    1.8.8 Terras devolutas 36
    1.8.9 Colonização 39

Capítulo 2
Princípios 41

2.1 Conceito 41
2.2 Princípios fundamentais do Direito Agrário 42
    2.2.1 Função social da propriedade 42

2.2.1.1 Histórico constitucional 42
2.2.1.2 Conceito de função social da propriedade 47
2.2.2 Vedação da desapropriação de pequena e média propriedade rural 55
2.2.3 Princípio da justiça social 57
2.2.4 Princípio do desenvolvimento sustentável 59
2.3 Demais princípios do Direito Agrário 62

Capítulo 3
Reforma agrária 65

3.1 Aspectos gerais da reforma agrária 65
3.2 Noção jurídica de reforma agrária 68
3.3 Principais atores da reforma agrária 73
   3.3.1 Autarquia agrária federal ("INCRA") e entes estaduais/municipais 73
   3.3.2 Movimentos sociais 75
   3.3.3 Ministério Público 77
   3.3.4 Defensoria Pública 80
   3.3.5 Universidades 81

Capítulo 4
Aquisição e arrendamento de imóveis rurais por estrangeiros 83

4.1 Soberania 83
4.2 Aquisição de imóveis rurais por estrangeiros 84
4.3 Requisitos para a aquisição de imóveis rurais por estrangeiros 89
   4.3.1 Pessoas físicas 89
      4.3.1.1 Quadros esquemáticos – Requisitos para as pessoas físicas 99
   4.3.2 Pessoas jurídicas 100
      4.3.2.1 Pessoas jurídicas brasileiras controladas por estrangeiros 103
      4.3.2.2 Quadros esquemáticos – Requisitos para as pessoas jurídicas 109

4.4 Alguns temas relevantes sobre a aquisição de imóveis rurais por estrangeiros.. 110

Capítulo 5
Mecanismos de promoção de reforma agrária................. 113

5.1 Introdução 113
5.2 Desapropriação por interesse social para fins de reforma agrária... 114
   5.2.1 Previsão constitucional e legal............................ 114
   5.2.2 Conceito e características da desapropriação-sanção... 116
   5.2.3 Valores componentes da indenização................. 124
   5.2.4 Procedimento da desapropriação-sanção........... 131
5.3 Compra e venda de imóveis rurais para fins de reforma agrária... 135
5.4 Desapropriação "genérica".. 137
5.5 Confisco.. 139
5.6 Usucapião especial rural.. 141

Capítulo 6
Regularização fundiária rural................................... 145

6.1 Conceito.. 145
6.2 Regularização fundiária na Amazônia Legal............. 149
6.3 ADI nº 4.269 promovida pela Procuradoria-Geral da República (PGR) contra dispositivos da Lei nº 11.952/2009... 158

Capítulo 7
Meio ambiente e questões agrárias............................. 163

7.1 Regularização fundiária e unidades de conservação........... 163
   7.1.1 Características gerais das UCs............................ 165
   7.1.2 Unidades de conservação e populações tradicionais... 169
7.2 Demais espaços protegidos...................................... 171

Capítulo 8
Regularização fundiária e minorias............................ 181

8.1 Princípio de proteção das minorias 181
8.2 Quilombolas 184
8.3 Índios 186

Capítulo 9

Contratos agrários 191

9.1 Introdução 191
9.2 Normatização, características contratuais, elementos obrigatórios e regras gerais 193
9.3 Contratos nominados 197
    9.3.1 Arrendamento 197
    9.3.2 Parceria 202

Capítulo 10

Aspectos criminais do Direito Agrário 209

10.1 Introdução 209
10.2 Crime de invasão de terras da União, dos Estados e dos Municípios (art. 20 da Lei nº 4.947/1966) 210

Referências 217

1

Considerações preliminares sobre o Direito Agrário e sua autonomia

1.1 Introdução

O Direito Agrário é um ramo peculiar do Direito, que tem por **objeto de estudo a terra em seu sentido amplo.**

Ele é um campo multidisciplinar, já que sofre influência de diversas áreas do Direito, como o Civil, o Ambiental, o indígena, o humanitário, o internacional, o Penal, o Econômico, dentre outros.

Ainda, relaciona-se com a filosofia, a sociologia, as ciências ambientais, a história, a economia, a engenharia etc.

Boa parcela da doutrina (MARQUES, 2019) insere o Direito Agrário como **parte do direito público**, uma vez que as suas relações derivam não somente do interesse dos particulares, mas, sim, do Estado. Há uma **imperatividade** das suas normas, o que praticamente exclui a vontade das partes, conferindo a sua natureza pública.

Em sentido completamente oposto ao acima, alguns doutrinadores defendem que o Direito Agrário é um **ramo do direito privado**, uma vez que as relações particulares preponderam sobre as públicas, em que pese a existência de normas reguladoras da ordem pública (GONÇALVES, 2010).

Não obstante, para outra parcela da doutrina, **o Direito Agrário está num limbo entre o direito público e o privado, uma vez que há normas de direito público (justiça social) mescladas às de direito privado (contratos)** (ROCHA et al., 2010). Esta posição parece ser a que melhor se coaduna com o espírito do Direito Agrário, na medida em que a divisão entre o direito público e o privado não pode ser considerada absoluta.

A jurisprudência realça a presença do interesse público nas normas de Direito Agrário, mesmo naquelas incidentes sobre os contratos agrários.[1] Assim, a autonomia privada deve ser tida em conjunto com a indisponibilidade do direito social, razão pela qual há uma mistura do direito público com o privado.

Além disso, o direito agrário se caracteriza pela **complexidade**. Ele trata de inúmeras relações jurídicas geradas a partir da disputa pela terra. Identifica-se como uma das suas prioridades a **implementação da reforma agrária**.

Também, esse ramo do Direito é **dinâmico**, na medida em que se refere às relações sociais, que somente podem ser compreendidas num momento e num espaço específicos.

As relações sociais, culturais, econômicas e políticas propiciam o surgimento de uma realidade agrária peculiar a um povo. Assim, os problemas agrários devem ser estudados a par-

---

[1] STJ, REsp nº 1.339.432/MS, Rel. Ministro Luis Felipe Salomão, Quarta Turma, julgado em 16.04.2013, *DJe* 23.04.2013.

tir de uma referência própria. Por exemplo: o problema agrário no Brasil é diverso do existente nos EUA. Ademais, aqui, a discussão agrária em Rondônia apresenta traços diferentes daquela existente no Pará, não obstante a existência de alguns pontos de contato.

Dadas as suas características, o Direito Agrário deve ser compreendido como um **ramo autônomo**, com princípios e regras próprios.

A visão que se deve ter quando da análise de uma questão agrária é distinta da do Direito Civil. A título ilustrativo, tome-se o direito da propriedade e o direito possessório. A propriedade e a posse não podem ser vistas somente como a junção destes elementos com o título de propriedade ou o ânimo da posse, mas também deve ser agregada a função social, como elemento indispensável à sua concretização.

Em virtude disso é que a maior parte dos agraristas defende a existência do Direito Agrário como um campo próprio do direito (OPITZ; OPITZ, 2007; BRASIL, 2011).

1.2 Aspectos históricos e legislação

Não é de hoje que se apresentam os diplomas jurídicos tendentes a regulamentar o assunto. A disputa por terras e poder existe desde o surgimento do homem.

No Brasil, mesmo antes do seu descobrimento, em 22 de abril de 1500, já havia o conflito pela propriedade.

Portugal e Espanha, por meio do **Tratado de Tordesilhas**, assinado em 7 de junho de 1494, formularam a divisão de terras do novo continente. A linha imaginária que forneceu os elementos para a separação foi um meridiano situado a 370 léguas a oeste do arquipélago de Cabo Verde. As áreas situadas a leste da referida linha pertenceriam a Portugal, enquanto as áreas a oeste seriam de propriedade da Espanha.

Após a chegada dos portugueses no Brasil, divide-se o território nacional em **capitanias hereditárias**.

Os titulares das capitanias, chamados de capitães-donatários, poderiam transferir porções de terras, denominadas **sesmarias**, para as pessoas que tivessem interesse em cultivá-las e residir por aqui.

Não se transferia a propriedade, mas, sim, algo assemelhado ao domínio útil da **enfiteuse** (MARQUES, 2009).

A enfiteuse é o mais amplo dos direitos reais. Caracteriza-se pelo fato de o proprietário atribuir a outrem, o enfiteuta, o domínio útil, mediante retribuição pecuniária, denominada **foro ou pensão**. Além dessa obrigação, o enfiteuta deve conferir prioridade ao proprietário, senhorio direto, toda vez que pretender vender o domínio útil. Caso o proprietário não exerça tal direito, o enfiteuta deve pagar um percentual sobre o negócio, denominado **laudêmio**. Ademais, a enfiteuse caracteriza-se pela **perpetuidade**, transmitindo-se aos herdeiros do enfiteuta quando de sua morte.

Tal instituto possuiu grande importância na colonização do Brasil. As terras inóspitas do continente passaram a ser ocupadas pelos sesmeiros, que se comprometiam em morar e produzir nas áreas, além de pagar os tributos à Coroa Portuguesa.

As sesmarias, em que pese terem contribuído para a ocupação do país, geraram certos **problemas agrários** que até hoje se notam. Dentre eles, destacam-se **o latifúndio e a concentração das terras nas mãos de poucas pessoas**.

O regime sesmarial durou até 17 de julho de 1822. Entre essa data e a publicação da Lei de Terras, em 1850, houve uma lacuna sobre a aquisição de áreas, sendo o seu acesso realizado por meio das **posses**. Gerou-se certa anarquia, em razão da inexistência de um diploma legal que regulamentasse a aquisição das propriedades.

Com a **Lei nº 601, de 18 de setembro de 1850, conhecida como Lei de Terras, tentou-se regulamentar o acesso à terra pela compra**, ou seja, promoveu-se a sua mercantilização. A propriedade passou a ter um cunho predominantemente econômico. Aqueles que possuíam terras, por sua vez, tinham riqueza.

De fato, a Lei de Terras foi uma das primeiras leis após a independência a dispor sobre o Direito Agrário no país. E passou a considerar a terra uma mercadoria, com cunho eminentemente econômico. Foi, por fim, a norma que deu as bases da regularização fundiária no Brasil.

1.3 Autonomia do Direito Agrário no Brasil

1.3.1 Autonomia legislativa

O Direito Agrário já apresentava seus contornos há muito tempo, mas sua **expressa previsão na Constituição Federal** somente ocorreu em 1964.

Assim, a **autonomia legislativa** do Direito Agrário ocorreu com a **Emenda Constitucional nº 10, de 9 de novembro de 1964**,[2] que alterou a Constituição Federal de 1946. No seu art.

[2.] Constituição Federal de 1946: Art. 5º Compete à União: (...) XV – legislar sobre: a) direito civil, comercial, penal, processual, eleitoral, aeronáutico, do trabalho e agrário; (...) (Redação dada pela Emenda Constitucional nº 10, de 1964.)

5°, inciso XV, alínea a, passou-se a prever a competência da União para legislar sobre o Direito Agrário.

1.3.2 Autonomia científica

Vislumbra-se a existência de uma autonomia científica, na medida em que esse campo do Direito possui **princípios e regras próprias**, com institutos específicos, como a reforma agrária, a desapropriação agrária, a regularização fundiária etc. Ainda, a **forma de raciocínio é peculiar**, distinta dos outros ramos do direito (exemplo: a posse agrária leva em conta, além dos aspectos do direito civil, a função social).

1.3.3 Autonomia jurisdicional

Apesar de boa parte dos agraristas defender a necessidade de uma justiça própria para reger as relações agrárias, esta não foi implementada no Brasil.

A Constituição Federal (CF) de 1988 expressamente prevê, no seu art. 126,[3] a criação de Varas Especializadas para a resolução dos conflitos agrários, o que é diferente de uma Justiça exclusivamente agrária, como ocorre no campo militar, trabalhista e eleitoral.

Assim, não obstante o apelo de renomados agraristas para a criação da Justiça Agrária, ela não foi instituída no nosso país. **Não há, pois, autonomia jurisdicional.**

---

[3] Art. 126. Para dirimir conflitos fundiários, o Tribunal de Justiça proporá a criação de varas especializadas, com competência exclusiva para questões agrárias. (Redação dada pela Emenda Constitucional n° 45, de 2004.)
Parágrafo único. Sempre que necessário à eficiente prestação jurisdicional, o juiz far-se-á presente no local do litígio.

1.4 Relações do Direito Agrário com outros campos do Direito

O Direito Agrário mantém elos com todos os campos do Direito. A divisão por áreas se faz unicamente para fins didáticos, haja vista que **não há um ramo do Direito fechado em si mesmo**.

Nesse diapasão, é possível dizer que o Direito Agrário mantém vínculo com o Direito Constitucional, já que este apresenta os princípios gerais do Direito Agrário, assim como dispõe sobre o uso da propriedade, a desapropriação, entre outros temas relevantes.

Da mesma forma, liga-se ao Civil por meio de conceitos como a propriedade, a posse, a usucapião, a função social, os contratos etc.

Também, possui elos com o Direito Penal, pois este criminaliza o esbulho, a apropriação de terras públicas, a quadrilha e o bando, as infrações ambientais etc.

Em relação ao Direito Processual, têm-se os ritos de diversas modalidades de ações, como as possessórias, as demarcatórias e as divisórias etc.

No tocante ao Direito Administrativo, há matérias comuns como a desapropriação, a regularização fundiária etc.

Com o Direito Ambiental, por sua vez, há a função social do imóvel rural, a poluição, as limitações ao uso da propriedade, como a área de reserva legal etc.

Quanto ao direito indígena, vislumbra-se elo no reconhecimento do direito originário sobre as terras que ocupam, o usufruto das riquezas do solo, dos rios e lagos nelas existentes etc.

Já com os Direitos Humanos, os temas em comum são a proteção das minorias (ciganos, quilombolas etc.), o acesso à terra, a reforma agrária etc.

Com o Direito Internacional, verificam-se inúmeros diplomas jurídicos que tratam de temas vinculados às questões agrárias, à dignidade da pessoa humana, dentre outros.

Em relação ao Direito Empresarial, há os títulos de crédito rurais, como a cédula de crédito rural, a nota promissória rural e a duplicata rural.

Há também fortes vínculos com o Direito Econômico, na medida em que **a reforma agrária se encontra inserida na ordem econômica**, que possui, como núcleo, na lição de Eros Grau, a propriedade e o contrato (GRAU, 2014).

1.5 Objeto de análise

O foco do direito agrário recai sobre as **relações jurídicas agrárias**. Elas consistem nos vínculos formados entre o homem e a terra, tidos por relevantes pelo Direito.

A denominação "Direito Agrário" tem suas origens no **vocábulo *ager*, que significa campo** (MARQUES, 2009).

A terra, pois, é um elemento fundamental no estudo do Direito Agrário, já que tudo gira em torno dela, como a reforma agrária, os contratos agrários, a desapropriação, a compra e venda, a empresa agrária, dentre outros.

Desse modo, podemos dizer que a **relação jurídica agrária** é composta de **três elementos fundamentais**:

a) subjetivo: pessoa;
b) objetivo: terra;
c) nexo de causalidade: vínculo estabelecido entre a pessoa e a terra considerado relevante pelo Direito Agrário.

Com efeito, as **atividades agrárias** apresentam peculiaridades, já que não podem ser tidas sob o enfoque unicamente econômico. Há que se ter em mente que o Direito Agrário é antes de tudo um **direito social, em que devem preponderar os aspectos públicos em relação aos privados**.

Nesse diapasão, **a interpretação das normas agraristas deve sempre levar em conta tal finalidade pública**. Veja-se, como exemplo, a posse. Não é possível interpretá-la sob um viés unicamente do Direito Civil, qual seja, a exteriorização da propriedade. Ao revés, a posse agrarista tem um escopo público, uma vez que a posse deve se revestir da sua função social, respeitando o meio ambiente, as relações de trabalho, o bem-estar dos trabalhadores e o aproveitamento adequado e eficaz.

Em síntese, **o Direito Agrário tem como objeto de estudo a relação jurídica agrária, composta dos elementos subjetivo, objetivo e nexo de causalidade**, devendo sempre considerar que as atividades agrárias possuem um escopo público, predominante sobre o interesse particular.

1.6 Fontes do Direito Agrário

As fontes do Direito Agrário, assim como dos demais ramos jurídicos, dizem respeito à origem das normas agraristas. Em outras palavras, o estudo foca no seu modo de elaboração, assim como no conteúdo que se busca regular.

Elas podem ser divididas em formais e materiais. As formais são **a lei, os costumes, os princípios gerais, a analogia, a doutrina e a jurisprudência**. As materiais são **a política agrária e a reforma agrária**.

Em relação às fontes formais, **a lei deve ser interpretada de forma ampla**, compreendendo os tratados internacionais incorporados ao ordenamento pátrio, a Constituição Federal e suas emendas, a lei complementar, a lei ordinária, a lei delegada, as medidas provisórias, os decretos legislativos, as resoluções, além de outros atos normativos infralegais (decretos, instruções normativas do INCRA etc.).

As características essenciais das leis, tidas nessa acepção ampla, são a **generalidade, a permanência, a imperatividade, a previsão de sanção** (GONÇALVES, 2011)[4] e a elaboração **por meio da autoridade competente** (GAGLIANO; PAMPLONA FILHO, 2010).

Os **costumes** consistem na prática reiterada de um uso com a convicção de sua aceitação pelos outros. É formado, pois, pelo **elemento objetivo (prática reiterada) e pelo elemento subjetivo (crença de sua aceitação)**. No Direito Agrário, nota-se a presença de costumes regionais, por exemplo, nos índices de medição dos imóveis rurais (alqueire goiano, alqueire paulista etc.).

Os **princípios gerais** são os vetores que direcionam o ordenamento jurídico. Em se tratando de Direito Agrário, a presença de princípios específicos confere autonomia científica a esse ramo do Direito.

A **analogia** é a aplicação de uma norma jurídica existente a um caso similar não regulamentado pelo ordenamento. É um meio de integração do ordenamento jurídico.

A **doutrina**, por sua vez, é a lição dos *experts* no assunto.

A **jurisprudência**, por fim, retrata o conjunto de decisões proferidas pelo Poder Judiciário sobre uma matéria.

[4.] A exigência do cumprimento da lei é na lição de Goffredo da Silva Telles, citado por Carlos Roberto Gonçalves, o que se denomina *autorizamento*. Não é propriamente a sanção, mas, sim, a possibilidade de o lesado utilizar ou não a faculdade prevista na norma jurídica de pedir a reparação do dano.

Passando-se à análise das fontes materiais, destacam-se a **política agrária e a reforma agrária.**

A **política agrária** trata dos elementos estruturantes da ordenação do território nacional. Visa a realocar os bens de produção nas mãos dos trabalhadores rurais, gerando a distribuição da riqueza.

O Estatuto da Terra, Lei nº 4.504, de 30.11.1964, apresenta definição de **política agrícola,**[5] ou seja, a realização de um planejamento das atividades do campo, proporcionando a industrialização do país, com o pleno emprego dos seus recursos.

A política agrícola deve orientar às pessoas que almejam a exploração das áreas rurais, com o respeito da função social da propriedade.[6]

Para alguns autores, a denominação mais correta seria **política agrária, e não agrícola,** na medida em que a primeira possui uma acepção mais ampla, passando a ideia de política de desenvolvimento, que não se circunscreve a aspectos econômicos, mas também sociais. Já o termo política agrícola tem um significado mais restrito, vinculado à noção de produção de gêneros alimentícios (MARQUES, 2009).

Assim, o legislador buscou definir uma política de desenvolvimento para o campo, disponibilizando alguns instrumentos para tanto, indicados no art. 73 do Estatuto da Terra.[7]

---

[5] Art. 1º, § 2º, da Lei nº 4.504/1964: Entende-se por Política Agrícola o conjunto de providências de amparo à propriedade da terra, que se destinem a orientar, no interesse da economia rural, as atividades agropecuárias, seja no sentido de garantir-lhes o pleno emprego, seja no de harmonizá-las com o processo de industrialização do país.

[6] A Lei nº 8.171, de 17.01.1991, é conhecida como Lei da Política Agrícola.

[7] Art. 73. Dentro das diretrizes fixadas para a política de desenvolvimento rural, com o fim de prestar assistência social, técnica e fomentista e de estimular a produção agropecuária, de forma a que ela atenda não só ao consumo nacional, mas também à possibilidade de obtenção de excedentes exportáveis, serão mobilizados, entre outros, os seguintes meios:

A **reforma agrária**, por sua vez, visa a promover uma melhor distribuição de terras, tornando o seu acesso possível aos trabalhadores que almejam produzir no campo. Busca-se evitar a concentração de terras nas mãos de algumas pessoas, em especial, dos especuladores imobiliários.[8]

Ela não se confunde com a política agrícola. Enquanto esta apresenta um caráter mais instável, dinâmico, aquela tem um perfil de permanência, estabilidade no tempo.

Dessa maneira, pode-se dizer que a reforma agrária trata da adoção de medidas para a fixação do homem no campo, com geração e distribuição de riqueza, visando ao progresso da nação. Efetiva-se da mesma forma a dignidade da pessoa humana, a igualdade e a justiça social.

Tudo o que diz respeito à redistribuição de terras, para a diminuição de concentração de renda se vincula à reforma agrária. Nesse sentido, ao se falar de regularização fundiária e política de assentamentos, está-se lidando com reforma agrária.

Logo, o conceito de reforma agrária, numa acepção mais ampla, é todo ato tendente a desconcentrar a propriedade da terra quando esta representa ou cria um impasse histórico ao

---

[8.] I – assistência técnica;
II – produção e distribuição de sementes e mudas;
III – criação, venda e distribuição de reprodutores e uso da inseminação artificial;
IV – mecanização agrícola;
V – cooperativismo;
VI – assistência financeira e creditícia;
VII – assistência à comercialização;
VIII – industrialização e beneficiamento dos produtos;
IX – eletrificação rural e obras de infra-estrutura;
X – seguro agrícola;
XI – educação, através de estabelecimentos agrícolas de orientação profissional;
XII – garantia de preços mínimos à produção agrícola. (...).
Art. 1º, § 1º, da Lei nº 4.504/1964: Considera-se Reforma Agrária o conjunto de medidas que visem a promover melhor distribuição da terra, mediante modificações no regime de sua posse e uso, a fim de atender aos princípios de justiça social e ao aumento de produtividade.

desenvolvimento social baseado nos interesses pactados da sociedade (MARTINS, 2014, p. 107).

Diz-se, ainda, que ela se atrela à reestruturação da ordenação territorial no meio rural, haja vista que se encontra ligada à **promoção da justiça social**, que, por sua vez, está acompanhada do fundamento da **dignidade da pessoa humana**.

Em síntese, tanto a política agrária como a reforma agrária visam à correta fixação das pessoas no campo, respeitando-se os aspectos econômicos, ambientais, trabalhistas e sociais.

1.7 Instrumentos do Direito Agrário

O Direito Agrário disciplina o uso de alguns meios para a promoção da justiça social no campo.

Dentre alguns deles, destacam-se a desapropriação por interesse social para fins de reforma agrária, a compra e venda de imóveis rurais, a doação, a desapropriação genérica, a adjudicação de imóveis rurais, os contratos agrários, os convênios, a usucapião, dentre outros.

Referidos instrumentos são essenciais para a promoção da justiça social, estimulando as pessoas a gerar riqueza no campo.

O Estado incentiva os trabalhadores a produzir no meio rural, buscando o desenvolvimento dessas regiões. Como reflexo disso, pretende-se a melhoria nos índices de qualidade de vida da população rural, assim como o progresso da nação.

O ente federal responsável pela execução da reforma agrária é o **Instituto Nacional de Colonização e Reforma Agrária (INCRA)**, criado pelo Decreto-lei nº 1.110, de 09.07.1970, autarquia federal, com sede em Brasília/DF.

O art. 1° do atual Regimento Interno do INCRA, aprovado pela Portaria n° 531, de 23.03.2020, aduz o seguinte sobre a sua natureza e finalidade:

> Art. 1° O Instituto Nacional de Colonização e Reforma Agrária – INCRA, autarquia federal criada pelo Decreto-lei n° 1.110, de 9 de julho de 1970, vinculada ao Ministério da Agricultura, Pecuária e Abastecimento, dotada de personalidade jurídica de direito público, com autonomia administrativa e financeira, tem sede e foro em Brasília, Distrito Federal e jurisdição em todo o território nacional, com sua estrutura regimental aprovada pelo Decreto n° 10.252, de 20 de fevereiro de 2020.
>
> Parágrafo único. O INCRA tem suas competências estabelecidas na legislação agrária, em especial as que se referem à realização do ordenamento e à regularização fundiária, e à promoção e à execução da reforma agrária e da colonização.

Diante da clareza como definia as finalidades do INCRA, reproduz-se o art. 1° do antigo Regimento Interno do INCRA, aprovado pela Portaria n° 338, de 09.03.2018, que dispunha:

> Art. 1° O Instituto Nacional de Colonização e Reforma Agrária – INCRA, autarquia federal (...) tem como finalidades:
>
> I – promover e executar a reforma agrária visando a melhor distribuição da terra, mediante modificações no regime de sua posse e uso, a fim de atender aos princípios de justiça social;
>
> II – promover, coordenar, controlar e executar a colonização;

III – promover as medidas necessárias à discriminação e arrecadação das terras devolutas federais e a sua destinação, visando incorporá-las ao sistema produtivo; e

IV – gerenciar a estrutura fundiária do país.

Além do INCRA, verifica-se a presença de diversos institutos de terras estaduais e municipais, que objetivam a promoção de uma política de desenvolvimento do meio rural.

Percebe-se, muitas vezes, que os entes das múltiplas esferas de poder se unem para executar ações de melhoria das condições do campo. Citem-se, como exemplo, os convênios que o INCRA firma com diversos institutos de terras para desenvolver atividades no meio rural.

Diga-se, ainda, que no âmbito federal, **o instrumento mais utilizado para a promoção da reforma agrária é a desapropriação por interesse social para fins de reforma agrária, prevista no art. 184 da CF/1988.**[9]

Não obstante isso, existem outros meios para a execução da política agrária e da reforma agrária.

Esses instrumentos serão analisados posteriormente em item próprio deste estudo.

[9.] Art. 184. Compete à União desapropriar por interesse social, para fins de reforma agrária, o imóvel rural que não esteja cumprindo sua função social, mediante prévia e justa indenização em títulos da dívida agrária, com cláusula de preservação do valor real, resgatáveis no prazo de até vinte anos, a partir do segundo ano de sua emissão, e cuja utilização será definida em lei.
§ 1º As benfeitorias úteis e necessárias serão indenizadas em dinheiro.
§ 2º O decreto que declarar o imóvel como de interesse social, para fins de reforma agrária, autoriza a União a propor a ação de desapropriação.
§ 3º Cabe à lei complementar estabelecer procedimento contraditório especial, de rito sumário, para o processo judicial de desapropriação.
§ 4º O orçamento fixará anualmente o volume total de títulos da dívida agrária, assim como o montante de recursos para atender ao programa de reforma agrária no exercício.
§ 5º São isentas de impostos federais, estaduais e municipais as operações de transferência de imóveis desapropriados para fins de reforma agrária.

1.8 Conceitos gerais

1.8.1 Imóvel rural x propriedade rural

Um dos conceitos nucleares do Direito Agrário se refere ao **imóvel rural**. Conforme o Estatuto da Terra (Lei nº 4.504/1964):

> Art. 4º Para os efeitos desta Lei, definem-se:
>
> I – "Imóvel Rural", o prédio rústico, de área contínua qualquer que seja a sua localização que se destina à exploração extrativa agrícola, pecuária ou agro-industrial, quer através de planos públicos de valorização, quer através de iniciativa privada; (...)

De início, o imóvel rural é o **rústico**, isto é, trata-se de terreno não edificado, onde a terra se mantém virgem, explorada ou não (CHACPE, 2011).

Além disso, o **critério definidor de imóvel rural é a sua destinação**, pouco importando o local em que se encontra. **Dessa forma, ainda que um imóvel esteja localizado em uma cidade, ele poderá ser rural se a sua vocação econômica for destinada a tal finalidade.**

Nesse sentido apresenta-se a jurisprudência do STJ:

> PROCESSO CIVIL E ADMINISTRATIVO – AÇÃO RESCISÓRIA – DESAPROPRIAÇÃO PARA FIM DE REFORMA AGRÁRIA – DEFINIÇÃO DA NATUREZA DA ÁREA DO IMÓVEL – FINALIDADE ECONÔMICA.
>
> 1. É a municipalidade que, com base no art. 30 da Constituição Federal/88, estabelece a sua zona rural e a sua zona urbana, observado por exclusão o conceito apresentado

pelo Estatuto da Terra (Lei 4.504/64) para imóvel rural para definir os imóveis urbanos.

2. **Apesar de o critério de definição da natureza do imóvel não ser a localização, mas a sua destinação econômica, os Municípios podem, observando a vocação econômica da área, criar zonas urbanas e rurais. Assim, mesmo que determinado imóvel esteja em zona municipal urbana, pode ser, dependendo da sua exploração, classificado como rural. (...)**

(STJ, AR nº 3.971/GO, Rel. Ministra Denise Arruda, *DJe* 07.05.2010 – grifos nossos).

Ainda, merece destaque o fato de que tal critério havia sido adotado por meio do Decreto-lei nº 57/1966, que regula matéria tributária. Diante disso, incide Imposto Territorial Rural (ITR) e não Imposto Predial e Territorial Urbano (IPTU) em imóvel destinado a finalidades rurais, mesmo que localizado em zona urbana.

Por fim, **a continuidade deve ser tida como a forma de aproveitamento econômico, mais do que a mera continuidade física** (CHACPE, 2011).

O Supremo Tribunal Federal (STF) já decidiu que o imóvel rural deve ser tomado como unidade de exploração, *in verbis*:

CONSTITUCIONAL. AGRÁRIO. MANDADO DE SEGURANÇA. DESAPROPRIAÇÃO. REFORMA AGRÁRIA. NOTIFICAÇÃO PRÉVIA DE UM DOS CO-PROPRIETÁRIOS. INTIMAÇÃO DOS DEMAIS CONDÔMINOS POR EDITAL. ART. 2º, §§ 2º e 3º, DA LEI Nº 8.629/93. VALIDADE. CONDOMÍNIO. AUSÊNCIA DE REGISTRO IMOBILIÁRIO DE PARTES CERTAS. **UNIDADE DE EXPLORAÇÃO ECONÔMICA DO IMÓVEL RURAL.** ART. 4º, I, DO ESTATUTO DA TERRA. VIABILIDADE DA DESAPROPRIAÇÃO. ART. 184,

DA CONSTITUIÇÃO DO BRASIL. PRODUTIVIDADE DO IMÓVEL. DILAÇÃO PROBATÓRIA. APRECIAÇÃO EM MANDADO DE SEGURANÇA. IMPOSSIBILIDADE. (...) 4. O conceito de imóvel rural do art. 4º, I, do Estatuto da Terra, contempla a unidade da exploração econômica do prédio rústico, distanciando-se da noção de propriedade rural. nº (...) (MS nº 24.488/DF, Rel. Ministro Eros Grau, Julgamento: 19.05.2005 – grifos nossos).

Com efeito, o imóvel rural é a **unidade econômica**, que não se confunde com **a matrícula**. Esta, ao revés, vincula-se à ideia de **propriedade rural**.

Como consequência, o **Sistema Nacional de Cadastro Rural (SNCR), a cargo do INCRA**, objetiva diagnosticar a malha fundiária brasileira, identificando **imóveis rurais,** ao contrário dos **Cartórios de Registro de Imóveis**, que identificam as **propriedades rurais** (BRASIL, 2011).

Pouco importa também para a caracterização do imóvel rural que exista qualquer divisão, como um rio, uma estrada etc., que separe as áreas. Havendo continuidade econômica da exploração, trata-se de imóvel rural.

Por fim, o conceito de **imóvel rural** evita que haja a fragmentação artificial em unidades menores, o que pode levar à configuração de pequenas e médias propriedades, imunes à desapropriação para fins de reforma agrária (CHAPCE, 2011).

Em suma, o **imóvel rural diz respeito à unidade de exploração econômica**, enquanto a propriedade rural se vincula ao conceito de matrícula.

1.8.2 Propriedade familiar e módulo rural

A propriedade familiar é aquela trabalhada pela família do agricultor, com eventual ajuda de terceiros, tendo por finalidade garantir o sustento e o progresso social e econômico deste conjunto de pessoas.

Conforme art. 4º, II, do Estatuto da Terra, tem-se o seguinte:

> Art. 4º Para os efeitos desta Lei, definem-se: (...)
>
> II – "Propriedade Familiar", o imóvel rural que, direta e pessoalmente explorado pelo agricultor e sua família, lhes absorva toda a força de trabalho, garantindo-lhes a subsistência e o progresso social e econômico, com área máxima fixada para cada região e tipo de exploração, e eventualmente trabalho com a ajuda de terceiros;
>
> III – "Módulo Rural", a área fixada nos termos do inciso anterior; (...).

Com efeito, **a propriedade familiar difere da empresa (noção empresarial)**, em que há o exercício profissional de uma atividade econômica organizada para a produção ou circulação de bens ou de serviços.[10] A ideia primordial, na propriedade familiar, é a da busca da subsistência pelo agricultor e sua família, e não o lucro em si.

Por sua vez, o conceito de **módulo rural se vincula à área fixada para identificar a propriedade familiar**. Em outras palavras, é a medida adotada pelo INCRA para classificar um imóvel rural como propriedade familiar.

Pode-se, também, dizer que o **módulo rural é um indicador criado para evitar a proliferação de imóveis com áreas in-

---

[10] Código Civil (CC), art. 966. Considera-se empresário quem exerce profissionalmente atividade econômica organizada para a produção ou a circulação de bens ou de serviços.
Parágrafo único. Não se considera empresário quem exerce profissão intelectual, de natureza científica, literária ou artística, ainda com o concurso de auxiliares ou colaboradores, salvo se o exercício da profissão constituir elemento de empresa.

suficientes ao desenvolvimento humano. Ele representa uma medida de área ideal que permite ao trabalhador alcançar uma renda mínima e que varia conforme a região e o tipo de cultivo (BARROS, 2009).

Na lição de Benedito Ferreira Marques (2009, p. 49),

> a fixação dessa área – que é feita por órgão competente do governo federal (atualmente o INCRA) – leva em conta diversos fatores, entre os quais o tipo de exploração a que se destina o imóvel, a qualidade da terra, a proximidade do centro consumidor e outros julgados necessários pelo mencionado órgão. Daí dizer-se que tal medida é variável de região para região.

De mais a mais, o Decreto nº 55.891, de 31.03.1965, que regulamentou partes do Estatuto da Terra, estipula:

> Art. 11. O módulo rural, definido no inciso III do art. 4º do Estatuto da Terra, tem como finalidade primordial estabelecer uma unidade de medida que exprima a interdependência entre a dimensão, a situação geográfica dos imóveis rurais e a forma e condições do seu aproveitamento econômico.
>
> Parágrafo único. A fixação do dimensionamento econômico do imóvel que, para cada zona de características ecológicas e econômicas homogêneas e para os diversos tipos de exploração, representará o módulo, será feita em função:
>
> a) da localização e dos meios de acesso do imóvel em relação aos grandes mercados;
>
> b) das características ecológicas das áreas em que se situam;
>
> c) dos tipos de exploração predominante na respectiva zona.

Por fim, **o conceito de módulo rural também será utilizado para a definição de minifúndio e latifúndio**. Enquanto este, como ideia inicial,[11] é o imóvel rural de grandes proporções, subaproveitado economicamente, aquele é o imóvel rural de área menor que a da propriedade familiar, também imprestável economicamente.

1.8.3 Módulo de Exploração Indefinida (MEI)

Derivado do conceito de módulo rural, tem-se o **módulo de exploração indefinida**, que não especifica o tipo de exploração econômica (MARQUES, 2009).

Tal medida é utilizada, em especial, **no controle da aquisição de imóveis rurais por estrangeiros**.

Nos termos do artigo de Havrenne (2012, p. 85-108),

> o MEI é uma medida fixada pelo INCRA, expressa em hectares, e que varia conforme a região do país. Ele se vincula à noção de módulo rural, tomando como parâmetro o imóvel com exploração não definida.

Nesse sentido, o art. 4° do Decreto n° 74.965, de 26.11.1974, estipula:

> Art. 4° Compete ao Instituto Nacional de Colonização e Reforma Agrária (INCRA) fixar, para cada região, o módulo de exploração indefinida, podendo modificá-lo sempre que houver alteração das condições econômicas e sociais da região.

---

11. O conceito preciso de latifúndio será apresentado em item específico, em que se fará a divisão do latifúndio por extensão e por exploração.

De fato, a ideia é a de se ter uma medida para classificar os imóveis rurais para fins de aquisição por estrangeiros. Ainda, como o próprio nome indica, exploração indefinida é aquela não especificada quanto ao tipo de exploração – pecuária, agricultura etc. (MARQUES, 2009).

1.8.4 Módulo fiscal

O módulo fiscal é mais uma medida criada pelo Direito Agrário, cuja introdução no ordenamento se deu por meio da Lei nº 6.746/1979, que alterou a redação dos arts. 49 e 50 do Estatuto da Terra. Tais dispositivos falam sobre o ITR, tributo incidente sobre imóveis rurais.

Referida medida varia de Município para Município, sendo expressa em hectares,[12] e tendo em vista os seguintes critérios, previstos no § 2º do art. 50 do Estatuto da Terra:

> Art. 50. (...)
>
> § 2º O módulo fiscal de cada Município, expresso em hectares, será determinado levando-se em conta os seguintes fatores: (Redação dada pela Lei nº 6.746, de 1979.)
>
> a) o tipo de exploração predominante no Município:
>
> I – hortifrutigranjeira;
>
> II – cultura permanente;
>
> III – cultura temporária;
>
> IV – pecuária;
>
> V – florestal;
>
> b) a renda obtida no tipo de exploração predominante;

---

[12] Um hectare corresponde a aproximadamente 10.000m^2.

c) outras explorações existentes no Município que, embora não predominantes, sejam expressivas em função da renda ou da área utilizada;

d) o conceito de "propriedade familiar", definido no item II do artigo 4º desta Lei.

Além disso, o Estatuto da Terra prevê que o número de módulos fiscais de um imóvel rural será obtido por meio da divisão da sua área aproveitável total, passível de exploração agrícola, pecuária ou florestal, pelo módulo fiscal do Município. Confira-se:

> Art. 50.
>
> § 3º O número de módulos fiscais de um imóvel rural será obtido dividindo-se sua área aproveitável total pelo modulo fiscal do Município. (Redação dada pela Lei nº 6.746, de 1979.)
>
> § 4º Para os efeitos desta Lei; constitui área aproveitável do imóvel rural a que for passível de exploração agrícola, pecuária ou florestal. Não se considera aproveitável: (Redação dada pela Lei nº 6.746, de 1979.)
>
> a) a área ocupada por benfeitoria;
>
> b) a área ocupada por floresta ou mata de efetiva preservação permanente, ou reflorestada com essências nativas;
>
> c) a área comprovadamente imprestável para qualquer exploração agrícola, pecuária ou florestal.

Frise-se que, não obstante o Estatuto da Terra dispor que o número de módulos fiscais de um imóvel rural será obtido pela divisão da área aproveitável pelo módulo fiscal do Município, tem-se que, para finalidades diversas da tributária, tal critério não deve ser adotado, em especial para a desapropriação para fins de reforma agrária.

A jurisprudência pátria já decidiu que em caso de desapropriação para fins de reforma agrária, a classificação do imóvel rural em pequeno, médio ou grande, segundo critérios da Lei nº 8.629/1993, deve levar em consideração a extensão total do imóvel rural. Veja-se:

> CONSTITUCIONAL. AGRÁRIO. REFORMA AGRÁRIA. PEQUENA E MÉDIA PROPRIEDADE. C.F., art. 185, I. MATÉRIA CONTROVERTIDA. I. – A pequena e a média propriedade rural, desde que o seu proprietário não possua outra, são insuscetíveis de desapropriação para fins de reforma agrária: C.F., art. 185, I. *A classificação da propriedade rural em pequena, média ou grande subordina-se à extensão da área, vale dizer, da área medida.* (...) (STF, MS nº 24.719/DF, Rel. Ministro Carlos Velloso, DJ 14.05.2004 – grifos nossos).

> PROCESSUAL CIVIL E ADMINISTRATIVO. RECURSO ESPECIAL. DESAPROPRIAÇÃO PARA FINS DE REFORMA AGRÁRIA. AÇÃO ORDINÁRIA AJUIZADA COM O OBJETIVO DE ANULAR PROCESSO ADMINISTRATIVO INSTAURADO PARA VERIFICAR O CUMPRIMENTO DA FUNÇÃO SOCIAL DA PROPRIEDADE. *IMPOSSIBILIDADE DE UTILIZAR CRITÉRIOS DE NATUREZA TRIBUTÁRIA COMO FORMA DE DIMENSIONAR IMÓVEIS RURAIS PASSÍVEIS, OU NÃO, DE EXPROPRIAÇÃO.* ALEGAÇÃO DE AFRONTA AO ART. 535 DO CPC NÃO CARACTERIZADA. 1. Inexiste afronta ao art. 535 do CPC quando o Tribunal de origem, embora sucintamente, pronuncia-se de forma clara e suficiente sobre a questão posta nos autos. 2. Na presente hipótese, o Tribunal a quo expressamente expôs os motivos pelos quais entendeu que

a classificação da propriedade rural em pequena, média ou grande deve levar em conta apenas a área aproveitável do imóvel, para fins de desapropriação para reforma agrária. 3. O § 3º do art. 50 do Estatuto da Terra (Lei nº 4.504/64) evidencia que a finalidade da norma em testilha respeita ao cálculo da extensão aproveitável dos imóveis rurais para fins de incidência do Imposto Territorial Rural – ITR. Diante disso, é de concluir-se que o dispositivo do Estatuto da Terra em questão exclusivamente se refere a critério de natureza tributária, para possibilitar o cálculo do ITR. Logo, é defesa a utilização desses parâmetros tributários para dimensionar se imóveis rurais são passíveis, ou não, de expropriação para fins de reforma agrária, na medida em que é vedada a utilização de regra de direito tributário como forma de integrar eventual lacuna na Lei das Desapropriações. 4. O STJ, em caso análogo, vedou a utilização do § 6º do art. 46 do Estatuto da Terra, para fracionar imóvel rural de acordo com o número de herdeiros por ocasião da transmissão causa-mortis e verificar se tal propriedade era passível, ou não, de ser expropriada para fins de reforma agrária, justamente em razão da impossibilidade de utilização de parâmetros tributários para dimensionar o tamanho do imóvel (REsp 1.161.535/PA, Relator Ministro Benedito Gonçalves, Primeira Turma, *DJe* 10.3.2011). 5. O próprio art. 10 da Lei nº 8.629/1993 exclui as áreas não aproveitáveis do cálculo dos índices de produtividade, de modo que não ressoa lógico quantificar a extensão total do imóvel em módulos fiscais, para só então subtrair as áreas não aproveitáveis, porque a definição em pequena, média ou grande propriedade rural deve levar em conta o tamanho total da propriedade rural, conforme o entendimento do egrégio STJ (MS 24.719, Relator Ministro

Carlos Velloso, Tribunal Pleno, *DJ* 14.5.2004). 6. Recurso especial provido (STJ, REsp nº 1.161.517/GO, Rel. Ministro Benedito Gonçalves, *DJe* 24.09.2012 – grifos nossos).

Com efeito, **a posição defendida pela Procuradoria Federal Especializada do INCRA é a de que o dispositivo contido no § 3º do art. 50 do Estatuto da Terra não deve ser utilizado para classificar o imóvel, a fim de verificar a viabilidade da desapropriação-sanção. Para tanto, deve-se considerar a extensão total do imóvel, e não a área aproveitável** (BRASIL. 2011; CARVALHO *et al.*, 2018).

Ainda, o módulo fiscal de cada Município é fixado segundo Instruções Especiais do INCRA.

Em síntese, o conceito de módulo fiscal varia conforme o Município, sendo fixado pelo INCRA, com base, dentre outros critérios, no tipo de exploração predominante, em outras explorações existentes, na renda gerada com a exploração predominante e na propriedade familiar.

1.8.5 Fração Mínima de Parcelamento (FMP)

A Lei nº 5.868/1972 introduziu o que se denomina "fração mínima de parcelamento". Veja-se:

> Art. 8º Para fins de transmissão, a qualquer título, na forma do art. 65 da Lei número 4.504, de 30 de novembro de 1964, nenhum imóvel rural poderá ser desmembrado ou dividido em área de tamanho inferior à do módulo calculado para o imóvel ou da fração mínima de parcelamento fixado no § 1º deste artigo, prevalecendo a de menor área.
>
> § 1º A fração mínima de parcelamento será:
>
> a) o módulo correspondente à exploração hortigranjeira das respectivas zonas típicas, para os Municípios das capitais dos Estados;

b) o módulo correspondente às culturas permanentes para os demais Municípios situados nas zonas típicas A, B e C;

c) o módulo correspondente à pecuária para os demais Municípios situados na zona típica D.

§ 2º Em Instrução Especial aprovada pelo Ministro da Agricultura, o INCRA poderá estender a outros Municípios, no todo ou em parte, cujas condições demográficas e sócio-econômicas o aconselhem, a fração mínima de parcelamento prevista para as capitais dos Estados.

§ 3º São considerados nulos e de nenhum efeito quaisquer atos que infrinjam o disposto neste artigo não podendo os serviços notariais lavrar escrituras dessas áreas, nem ser tais atos registrados nos Registros de Imóveis, sob pena de responsabilidade administrativa, civil e criminal de seus titulares ou prepostos. (Redação dada pela Lei nº 10.267, de 28.8.2001.)

§ 4º O disposto neste artigo não se aplica: (Redação dada pela Lei nº 13.001, de 2014.)

I – aos casos em que a alienação da área destine-se comprovadamente a sua anexação ao prédio rústico, confrontante, desde que o imóvel do qual se desmembre permaneça com área igual ou superior à fração mínima do parcelamento; (Incluído pela Lei nº 13.001, de 2014.)

II – à emissão de concessão de direito real de uso ou título de domínio em programas de regularização fundiária de interesse social em áreas rurais, incluindo-se as situadas na Amazônia Legal; (Incluído pela Lei nº 13.001, de 2014.)

III – aos imóveis rurais cujos proprietários sejam enquadrados como agricultor familiar nos termos da Lei nº 11.326, de 24 de julho de 2006; ou (Incluído pela Lei nº 13.001, de 2014.)

IV – ao imóvel rural que tenha sido incorporado à zona urbana do Município. (Incluído pela Lei nº 13.001, de 2014.)

§ 5º O disposto neste artigo aplica-se também às transações celebradas até esta data e ainda não registradas em Cartório, desde que se enquadrem nas condições e requisitos ora estabelecidos.

Pois bem. **A fração mínima de parcelamento objetiva indicar uma extensão mínima de área aproveitável, combinando referido instituto com o de módulo rural, nos termos do art. 65 do Estatuto da Terra**, *in verbis*: "Art. 65. O imóvel rural não é divisível em áreas de dimensão inferior à constitutiva do módulo de propriedade rural. (...)"

A razão da fração mínima de parcelamento é evitar a divisão do imóvel rural em área insuscetível de aproveitamento. Em outras palavras, nenhum imóvel rural, como regra, pode ter a área inferior a ela.

Ademais, a fração mínima de parcelamento se relaciona com o conceito de módulo rural, que, como já visto, representa uma medida de área ideal que permite ao trabalhador alcançar uma renda mínima e que varia conforme a região e o tipo de cultivo (BARROS, 2009).

O INCRA, por meio da Instrução Especial nº 26/1982, instituiu definitivamente a fração mínima de parcelamento (MARQUES, 2009).

Existem, no entanto, exceções à vedação de desmembramento de imóveis com área inferior à da fração mínima.

Dentre as poucas hipóteses em que isso se apresenta possível, citem-se:

Lei nº 5.868/1972, art. 8º Para fins de transmissão, a qualquer título, na forma do art. 65 da Lei número 4.504, de 30 de novembro de 1964, nenhum imóvel rural poderá ser desmembrado ou dividido em área de tamanho inferior à do módulo calculado para o imóvel ou da fração mínima de parcelamento fixado no § 1º deste artigo, prevalecendo a de menor área (...)

§ 4º O disposto neste artigo não se aplica: (Redação dada pela Lei nº 13.001, de 2014.)

I – aos casos em que a alienação da área destine-se comprovadamente a sua anexação ao prédio rústico, confrontante, desde que o imóvel do qual se desmembre permaneça com área igual ou superior à fração mínima do parcelamento; (Incluído pela Lei nº 13.001, de 2014.)

II – à emissão de concessão de direito real de uso ou título de domínio em programas de regularização fundiária de interesse social em áreas rurais, incluindo-se as situadas na Amazônia Legal; (Incluído pela Lei nº 13.001, de 2014.)

III – aos imóveis rurais cujos proprietários sejam enquadrados como agricultor familiar nos termos da Lei nº 11.326, de 24 de julho de 2006; ou (Incluído pela Lei nº 13.001, de 2014.)

IV – ao imóvel rural que tenha sido incorporado à zona urbana do Município. (Incluído pela Lei nº 13.001, de 2014.)

Lei nº 4.504/1964 (Estatuto da Terra), art. 65. O imóvel rural não é divisível em áreas de dimensão inferior à constitutiva do módulo de propriedade rural. (...)

§ 5º Não se aplica o disposto no *caput* deste artigo aos parcelamentos de imóveis rurais em dimensão inferior à do módulo, fixada pelo órgão fundiário federal, quando promovidos pelo Poder Público, em programas oficiais de apoio à atividade agrícola familiar, cujos beneficiários sejam agricultores que não possuam outro imóvel rural ou urbano. (Incluído pela Lei nº 11.446, de 2007.)

§ 6º Nenhum imóvel rural adquirido na forma do § 5º deste artigo poderá ser desmembrado ou dividido. (Incluído pela Lei nº 11.446, de 2007.)

Decreto nº 62.504/1968, art. 2º Os desmembramentos de imóvel rural que visem a constituir unidades com destinação diversa daquela referida no inciso I do artigo 4º da Lei nº 4.504, de 30 de novembro de 1964, não estão sujeitos às disposições do art. 65 da mesma lei e do art. 11 do Decreto-lei nº 57, de 18 de novembro de 1966, desde que, comprovadamente, se destinem a um dos seguintes fins:

I – Desmembramentos decorrentes de desapropriação por necessidade ou utilidade pública, na forma prevista no artigo 390, do Código Civil Brasileiro, e legislação complementar.

II – Desmembramentos de iniciativa particular que visem a atender interêsses de Ordem Pública na zona rural, tais como:

a) Os destinados a instalação de estabelecimentos comerciais, quais sejam:

1 – postos de abastecimento de combustível, oficinas mecânicas, garagens e similares;

2 – lojas, armazéns, restaurantes, hotéis e similares;

3 – silos, depósitos e similares.

b) os destinados a fins industriais, quais sejam:

1 – barragens, represas ou açudes;

2 – oleodutos, aquedutos, estações elevatórias, estações de tratamento de água, instalações produtoras e de transmissão de energia elétrica, instalações transmissoras de rádio, de televisão e similares;

3 – extrações de minerais metálicos ou não e similares;

4 – instalação de indústrias em geral.

c) os destinados à instalação de serviços comunitários na zona rural quais sejam:

1 – portos marítimos, fluviais ou lacustres, aeroportos, estações ferroviárias ou rodoviárias e similares;

2 – colégios, asilos, educandários, patronatos, centros de educação física e similares;

3 – centros culturais, sociais, recreativos, assistenciais e similares;

4 – postos de saúde, ambulatórios, sanatórios, hospitais, creches e similares;

5 – igrejas, templos e capelas de qualquer culto reconhecido, cemitérios ou campos santos e similares;

6 – conventos, mosteiros ou organizações similares de ordens religiosas reconhecidas;

7 – áreas de recreação pública, cinemas, teatros e similares.

Assim, como se percebe, são poucos os casos em que se permite o desmembramento de imóvel rural com área inferior à da fração mínima de parcelamento.

Em síntese, **a ideia fundamental é a de que nenhum imóvel rural possa ter área inferior à da fração mínima de parcelamento**, sob pena de se tornar inaproveitável, do ponto de vista econômico e social.

1.8.6 Minifúndio x latifúndio x empresa rural

O Estatuto da Terra também se encarrega de trazer os conceitos de minifúndio, latifúndio e empresa rural, nos seguintes termos:

IV – "Minifúndio", o imóvel rural de área e possibilidades inferiores às da propriedade familiar;

V – "Latifúndio", o imóvel rural que:

a) exceda a dimensão máxima fixada na forma do artigo 46, § 1º, alínea b,[13] desta Lei, tendo-se em vista as condições ecológicas, sistemas agrícolas regionais e o fim a que se destine;

b) não excedendo o limite referido na alínea anterior, e tendo área igual ou superior à dimensão do módulo de propriedade rural, seja mantido inexplorado em relação às possibilidades físicas, econômicas e sociais do meio, com fins especulativos, ou seja deficiente ou inadequadamente explorado, de modo a vedar-lhe a inclusão no conceito de empresa rural;

VI – "Empresa Rural" é o empreendimento de pessoa física ou jurídica, pública ou privada, que explore econômica e racionalmente imóvel rural, dentro de condição de rendimento econômico ...Vetado... da região em que se situe e que explore área mínima agricultável do imóvel segundo padrões fixados, pública e previamente, pelo Poder Executivo. Para esse fim, equiparam-se às áreas cultivadas, as pastagens, as matas naturais e artificiais e as áreas ocupadas com benfeitorias; (...)

[13.] Art. 46. O Instituto Brasileiro de Reforma Agrária promoverá levantamentos, com utilização, nos casos indicados, dos meios previstos no Capítulo II do Título I, para a elaboração do cadastro dos imóveis rurais em todo o país, mencionando: (...) § 1º Nas áreas prioritárias de reforma agrária serão complementadas as fichas cadastrais elaboradas para atender às finalidades fiscais, com dados relativos ao relevo, às pendentes, à drenagem, aos solos e a outras características ecológicas que permitam avaliar a capacidade do uso atual e potencial, e fixar uma classificação das terras para os fins de realização de estudos micro-econômicos, visando, essencialmente, à determinação por amostragem para cada zona e forma de exploração: (...) b) dos limites máximos permitidos de áreas dos imóveis rurais, os quais não excederão a seiscentas vezes o módulo médio da propriedade rural nem a seiscentas vezes a área média dos imóveis rurais, na respectiva zona; (...)

O minifúndio se caracteriza por gerar possibilidades menores que a da propriedade familiar. A sua área, assim, é inferior à do módulo rural.

O latifúndio, por sua vez, subdivide-se em:

a) **por extensão**: com área acima de 600 módulos fiscais;
b) **por exploração**: qualquer que seja a área, desde que igual, ou superior a um módulo fiscal, e subutilizado economicamente.[14]

Tanto o latifúndio quanto o minifúndio se caracterizam por sua condição antieconômica, seja pela falta de exploração conveniente (latifúndio), seja pela inviabilidade de geração de renda apta à sua manutenção (minifúndio).

A empresa rural, na definição do Estatuto da Terra (art. 4°, VI), é o empreendimento que explora racionalmente o imóvel rural, dentro de padrões previamente estipulados. Assim, o ideal seria a presença maciça da empresa rural na estrutura agrária brasileira.

Importante mencionar que o art. 19, § 3°, do Estatuto da Terra excluía da desapropriação os imóveis rurais compreendidos como empresa rural, salvo os casos de utilidade ou necessidade pública.

Não obstante mencionada previsão, há entendimento no âmbito da Procuradoria Federal Especializada do INCRA, com a qual se concorda, de que

> as isenções estabelecidas pelo Estatuto à desapropriação (art. 19, § 3º) não foram recepcionadas pelo ordenamen-

---

[14.] Em conformidade com o Decreto nº 84.685/1980.

to constitucional atual, que limitou a imunidade desapropriação às pequenas e médias propriedades de um mesmo proprietário e à propriedade produtiva que cumpre a função social, conceitos que passaram a ser regulados na presente lei [Lei nº 8.629/1993] (BRASIL, 2011, p. 75).

Em suma, o minifúndio é o imóvel rural com área inferior àquela tida como mínima à viabilidade de exploração. Já o **latifúndio é o imóvel rural de grande extensão (por extensão), ou aquele com área mínima passível de exploração, mas subutilizado economicamente (por exploração).** Por fim, a **empresa rural é o empreendimento que utiliza adequadamente o imóvel rural, com exploração racional e satisfatória.**

1.8.7 Invasão x ocupação

Para alguns autores, **a invasão e a ocupação diferenciam-se pelo fato de que a invasão relaciona-se a imóveis que cumprem a função social enquanto ocupação é utilizada para os imóveis que descumprem a função social.**

Dessa forma, tem-se que **a invasão não é justificável**, do ponto da legalidade, enquanto a **ocupação é uma forma de pressão legitimamente esperada** dos grupos que lutam pela reforma agrária.

José Gomes da Silva (1997, p. 113) relata comunicado da Conferência Nacional dos Bispos do Brasil (CNBB) de 1986, durante ocupação da Fazenda Annoni, no Rio Grande do Sul, que dispôs da seguinte forma:

> é, no entanto, indispensável estabelecer uma distinção definida entre "invasão" que, até pela violência, pretende apropriar-se estavelmente de propriedade alheia – o que deve ser repudiado – e, por outro lado, outras formas

de pressão democrática como passeatas, acampamentos, ocupações transitórias e pacíficas, que procuram demonstrar à sociedade a situação de extrema necessidade e desespero do grupo, na intenção de alcançar uma solução adequada e urgente por parte do Poder Judiciário.

Nesse sentido, invadir é um ato de força visando a tomar algo de uma pessoa, enquanto ocupar é exigir que o imóvel cumpra a sua função social.

Logo, **imóveis invadidos não podem ser desapropriados para fins de reforma agrária**, conforme disposto no art. 2°, § 6°, da Lei n° 8.629/1993, *in verbis*:

> O imóvel rural de domínio público ou particular objeto de ***esbulho possessório ou invasão*** motivada por conflito agrário ou fundiário de caráter coletivo não será vistoriado, avaliado ou desapropriado nos dois anos seguintes à sua desocupação, ou no dobro desse prazo, em caso de reincidência; e deverá ser apurada a responsabilidade civil e administrativa de quem concorra com qualquer ato omissivo ou comissivo que propicie o descumprimento dessas vedações (grifos nossos).

Em suma, as invasões estão em descompasso com o ordenamento brasileiro enquanto as ocupações são formas legítimas de pressão, exercidas como regra geral, pelos movimentos sociais.

Ressalte-se, por fim, que boa parte da doutrina não faz essa diferenciação entre invasão e ocupação, além de que, muitas vezes, as normas vigentes se utilizam indistintamente dos referidos termos.

1.8.8 Terras devolutas

Elas podem ser conceituadas, de forma genérica, como **terras sem ocupação específica.**

Uma definição legal de terras devolutas pode ser tirada da Lei nº 601, de 18.09.1850, que dispunha no seguinte sentido:

> Art. 3º São terras devolutas:
>
> § 1º As que não se acharem applicadas a algum uso publico nacional, provincial, ou municipal.
>
> § 2º As que não se acharem no dominio particular por qualquer titulo legitimo, nem forem havidas por sesmarias e outras concessões do Governo Geral ou Provincial, não incursas em commisso por falta do cumprimento das condições de medição, confirmação e cultura.
>
> § 3º As que não se acharem dadas por sesmarias, ou outras concessões do Governo, que, apezar de incursas em commisso, forem revalidadas por esta Lei.
>
> § 4º As que não se acharem occupadas por posses, que, apezar de não se fundarem em titulo legal, forem legitimadas por esta Lei.

Pois bem. As terras devolutas não estavam afetadas a algum uso (finalidade) público, mas também não se encontravam sob o domínio particular.

Na CF/1988, o art. 20, II indica que a **União é a titular de terras devolutas indispensáveis à defesa das fronteiras, das fortificações e construções militares, das vias federais de comunicação e à preservação ambiental**, sendo elas definidas em lei.[15]

[15.] Art. 20. São bens da União:(...)

Todavia, **as terras devolutas não inseridas no domínio da União são estaduais**, segundo o art. 26, IV, da CF/1988.[16] Dessa forma, a maioria das terras devolutas pertencem aos Estados (CARVALHO FILHO, 2008).

Ademais, nada impede que os Municípios sejam titulares de terras devolutas. Aliás, houve a transferência de algumas dessas terras devolutas pelos Estados aos entes municipais (CARVALHO FILHO, 2008).

Por fim, o art. 225, § 5°, da CF/1988 dispõe que as terras devolutas arrecadadas pelos Estados, por meio de ações discriminatórias, são indisponíveis quando necessárias à proteção dos ecossistemas naturais.[17]

Como visto, em que pese a CF/1988 apontar a titularidade das terras devolutas, ora da União, ora dos Estados, não há a definição do que sejam elas.

Indica-se somente que **elas são públicas**.

A condição de "devolutas" advém do fato de que elas retornaram ao domínio público ou nunca ingressaram no domínio particular (GUGLIELMI, 1992). **Aliás, "devolutas" significa que elas foram devolvidas ao domínio público.**

O *caput* do art. 5° do Decreto-lei n° 9.760/1946 aduz que

> são devolutas, na faixa da fronteira, nos Territórios Federais e no Distrito Federal, as terras que, não sendo pró-

---

II – as terras devolutas indispensáveis à defesa das fronteiras, das fortificações e construções militares, das vias federais de comunicação e à preservação ambiental, definidas em lei; (...).

[16.] Art. 26. Incluem-se entre os bens dos Estados: (...)
IV – as terras devolutas não compreendidas entre as da União.

[17.] Art. 225, § 5°, da CF/1988: § 5° São indisponíveis as terras devolutas ou arrecadadas pelos Estados, por ações discriminatórias, necessárias à proteção dos ecossistemas naturais.

prias nem aplicadas a algum uso público federal, estadual territorial ou municipal, não se incorporaram ao domínio privado (...).

Dessa forma, **devolutas são as áreas que não possuem uso específico e não foram integradas ao patrimônio particular.**

Clovis Beviláqua aponta que as terras devolutas são aquelas desocupadas, que não possuem dono (BORGES, 1983 *apud* GUGLIELMI, 1992).

Já Vito Guglielmi (1992) assevera que as terras devolutas são "aquelas definidas por lei".

Para Maria Sylvia Zanella di Pietro,

> continua válido o conceito residual de terras devolutas como sendo todas as terras existentes no território brasileiro, que não se incorporaram legitimamente ao domínio particular, bem como as já incorporadas ao patrimônio público, porém não afetadas a qualquer uso público (DI PIETRO, 1998, p. 478).

A identificação das terras devolutas será feita por um **processo de discriminação**, que pode ser realizado **administrativa ou judicialmente** (SILVA, 1984). A Lei nº 6.383/1976 dispõe sobre o processo discriminatório de terras devolutas da União.

Como regra, é possível inseri-las no âmbito dos **bens públicos dominicais,** que integram o patrimônio das pessoas jurídicas de direito público, como objeto de direito pessoal ou real.[18]

[18.] Art. 99, III, do CC:. Art. 99. São bens públicos:
I – os de uso comum do povo, tais como rios, mares, estradas, ruas e praças;
II – os de uso especial, tais como edifícios ou terrenos destinados a serviço ou estabelecimento da administração federal, estadual, territorial ou municipal, inclusive os de suas autarquias;
III – os dominicais, que constituem o patrimônio das pessoas jurídicas de direito público, como objeto de direito pessoal, ou real, de cada uma dessas entidades.

Enfim, **as terras devolutas, num conceito amplo, devem ser tidas como as de domínio público e sem uso específico.** Nesta hipótese, elas serão também **disponíveis,** uma vez que desafetadas do interesse público.

Em situações bem determinadas, **as terras devolutas poderão estar vinculadas a uma finalidade pública específica, tornando-se indisponíveis.** Por exemplo: terras devolutas necessárias à proteção dos ecossistemas naturais.[19]

1.8.9 Colonização

A colonização busca promover a ocupação da terra pouco habitada, ou inexplorada, com o propósito de gerar infraestrutura para o seu aproveitamento futuro, bem como desenvolvimento social.

Conforme o Estatuto da Terra, tem-se:

> Art. 4º Para os efeitos desta Lei, definem-se: (...)
>
> IX – "Colonização", toda a atividade oficial ou particular, que se destine a promover o aproveitamento econômico da terra, pela sua divisão em propriedade familiar ou através de Cooperativas ...Vetado...

Parágrafo único. Não dispondo a lei em contrário, consideram-se dominicais os bens pertencentes às pessoas jurídicas de direito público a que se tenha dado estrutura de direito privado (grifos nossos).

[19.] Art. 188 da CF/1988: A destinação de terras públicas e devolutas será compatibilizada com a política agrícola e com o plano nacional de reforma agrária.
§ 1º A alienação ou a concessão, a qualquer título, de terras públicas com área superior a dois mil e quinhentos hectares a pessoa física ou jurídica, ainda que por interposta pessoa, dependerá de prévia aprovação do Congresso Nacional.
§ 2º Excetuam-se do disposto no parágrafo anterior as alienações ou as concessões de terras públicas para fins de reforma agrária (grifos nossos).
Art. 225, § 5º, da CF/1988: Todos têm direito ao meio ambiente ecologicamente equilibrado, bem de uso comum do povo e essencial à sadia qualidade de vida, impondo-se ao Poder Público e à coletividade o dever de defendê-lo e preservá-lo para as presentes e futuras gerações. (...) **§ 5º São indisponíveis as terras devolutas ou arrecadadas pelos Estados, por ações discriminatórias, necessárias à proteção dos ecossistemas naturais** (grifos nossos).

Na verdade, **a colonização deve conjugar o aspecto territorial com a função social do imóvel rural**. Não basta ocupar um local, sem que se utilize adequadamente o imóvel rural.

A ideia de colonização se liga principalmente àqueles territórios inexplorados do país, como certas regiões da Amazônia.

Também, o incentivo à ocupação desses territórios se deu, muitas das vezes, pela criação de **núcleos coloniais**, que objetivavam promover o desenvolvimento econômico-social da região.

Assim, a colonização visa a promover a ocupação do território, gerando um estímulo a que as pessoas se instalem e contribuam para o desenvolvimento do país.

2

Princípios

2.1 Conceito

As normas jurídicas se dividem em **princípios e regras**. **Os princípios são os vetores que orientam o ordenamento jurídico, sendo dotados de alto grau de abstração, generalidade, além de necessidade de mediação para a sua efetiva aplicação. Ao revés, as regras possuem um caráter mais descritivo, com conteúdo detalhado, incidindo imediatamente sobre a situação posta e excluindo-se uma das outras.**

Conforme ensina Luís Roberto Barroso (2010, p. 204-205),

> os princípios – notadamente os princípios constitucionais – são a porta pela qual os valores passam do plano ético para o mundo jurídico. Em sua trajetória ascendente, os princípios deixaram de ser fonte secundária e subsidiária do Direito para serem alçados ao centro do sistema jurídico. De lá, irradiam-se por todo o ordenamento, influenciando a interpretação e aplicação das normas jurídicas em geral e permitindo a leitura moral do Direito.

Na lição de Robert Alexy (*apud* BORGES, 2010), a diferença entre princípios e regras advém da estrutura da norma, sendo as regras definidas pela aplicação do tudo ou nada, enquanto os princípios podem ser cumpridos em diferentes graus, razão pela qual são chamados de mandamentos de otimização.

Além disso, o **estudo dos princípios constitucionais agrários dá a conformação desse ramo do Direito, refletindo na sua autonomia científica** (BARROSO, 2010). Conforme Ávila (2012, p. 85),

> os princípios são normas imediatamente finalísticas, primariamente prospectivas e com pretensão de complementaridade e de parcialidade, para cuja aplicação se demanda uma avaliação da correlação entre o estado de coisas a ser promovido e os efeitos decorrentes da conduta havida como necessária à sua promoção.

Assim, o estudo dos princípios do Direito Agrário é essencial, na medida em que eles conferem as diretrizes desse ramo do Direito, refletindo a sua autonomia perante os demais, não obstante sua característica multidisciplinar.

2.2 Princípios fundamentais do Direito Agrário

2.2.1 Função social da propriedade

2.2.1.1 *Histórico constitucional*

A fim de que seja possível visualizar as características da função social da propriedade, com o passar do tempo e dos textos constitucionais, será apresentada a linha do tempo a seguir:

- **Constituição Federal de 1824**: Constituição do período monárquico. Caráter absolutista e individualista da propriedade. Referido tema incluía-se no "TITULO 8º – Das Disposições Geraes, e Garantias dos Direitos Civis, e Politicos dos Cidadãos Brazileiros".

- **Constituição Federal de 1891**: Primeira Constituição do período republicano. Caráter absolutista e individualista da propriedade. Referido tema incluía-se na "SEÇÃO II – Declaração de Direitos".

- **Constituição Federal de 1934**: Inserção das primeiras ideias sobre o uso condicionado da propriedade ao interesse social ou coletivo. O art. 113 da CF/1934 estava inserido no "Capítulo dos Direitos e Garantias Individuais".

- **Constituição Federal de 1937**: Exclusão das ideias sobre o uso condicionado da propriedade ao interesse social ou coletivo. Este tema inseria-se na parte "Dos Direitos e Garantias Individuais".

- **Constituição Federal de 1946**: Condicionamento do uso da propriedade ao bem-estar social. Inclusão da desapropriação por interesse social. Enquanto o art. 141 incluía-se no Capítulo "Dos Direitos e das Garantias Individuais", o art. 147 inseria-se no Título sobre a "Ordem Econômica e Social".

- **Constituição Federal de 1967**: Manutenção da desapropriação por interesse social. Enquanto o art. 150 incluía-se entre "os direitos e garantias individuais", o art. 157 se encontrava na "Ordem Econômica e Social".

- **Constituição Federal de 1969 (Emenda Constitucional – EC nº 1, de 17.10.1969)**: Manutenção da desapropriação por interesse social. O art. 153 continuava presente entre os "Direitos e Garantias Individuais", e o art. 160 manteve-se no Título sobre a "Ordem Econômica e Social".

- **Constituição Federal de 1988**: Deslocamento dos artigos sobre Direitos e Deveres Individuais e Coletivos para o início da CF, art. 5º. Dentre estes, tem-se a função social da propriedade. Manutenção da função social da propriedade como princípio da Ordem Econômica (art. 170). Possibilidade de desapropriação por interesse social, para fins de reforma agrária, de imóvel que não cumpra a função social. Definição de função social da propriedade rural no art. 186.

A Constituição de 1824 **trazia um conceito individualista da propriedade,** assegurando o direito à indenização no caso em que o Poder Público necessitasse do bem.

A Declaração dos Direitos do Homem e do Cidadão, de 1789, mais especificamente o seu art. 17, foi a base de inspiração desse dispositivo.

Aliás, esse dispositivo da Declaração dos Direitos do Homem e do Cidadão influenciou todas as Constituições Brasileiras, de 1824 a 1969 (FACHIN, 2011).

A CF de 1824 foi a que mais durou no tempo, sendo a base jurídica do regime imperial brasileiro.

Com a República, e o surgimento do novo regime, houve necessidade de modificação da base jurídica constitucional, o que se deu com o advento da CF de 1891.

No tocante à propriedade, manteve-se a concepção absolutista e individualista dela na CF de 1891.

Como regra, **a propriedade mantinha a sua plenitude**, salvo em casos de desapropriação por necessidade, ou utilidade pública, hipóteses nas quais deveria ser paga uma indenização prévia.

Não se faz referência a qualquer aspecto social da propriedade.

Reflexos disso podem ser vistos no antigo CC de 1916, como no seu art. 527, *verbis*: "Art. 527. O domínio presume-se exclusivo e ilimitado, até prova em contrário."

Havia uma sociedade predominantemente agrária e patriarcal.

A Constituição de 1934 inova na medida em que aduz que o direito de propriedade não poderá ser exercido contra o interesse social ou coletivo, na forma da lei.

Nota-se, assim, uma evolução no que concerne ao uso condicionado da propriedade, mas ainda dependente de ato normativo, isto é, na forma da lei.

Os avanços tidos no campo social tiveram um forte revés com a Constituição Federal de 1937, inspirada num modelo fascista e com um grande viés autoritário.

Conforme leciona Celso Ribeiro Bastos (1990, p. 67), "a crise espontânea, ou de certa forma insuflada pelo próprio Presidente, serviu de justificativa para que fosse dado o golpe e em seguida adotada a Carta que consagrava o seu ideário".

A Constituição outorgada ("Carta") de 1937, conhecida como "Polaca", **não manteve a previsão da Constituição anterior sobre a necessidade de que a propriedade respeitasse o interesse social ou coletivo**. Ao contrário, mencionou unicamente que o conteúdo e os limites do direito de propriedade serão definidos nas leis que regularem o seu exercício.

Com a queda de Getúlio Vargas e o fim do Estado Novo, havia necessidade de uma nova base jurídica, que se coadunasse com o restabelecimento do Estado Democrático.

Nesse contexto, surge a **Constituição de 1946, que incorporou pensamento libertário no campo político, bem como alguns avanços nos direitos sociais** (BASTOS, 1990, p. 74).

Segundo Celso Bastos (1990, p. 74):

> A Constituição de 1946 se insere entre as melhores, senão a melhor, de todas que tivemos. Tecnicamente é muito correta e do ponto de vista ideológico traçava nitidamente uma linha de pensamento libertária no campo político sem descurar da abertura para o campo social que foi recuperada da Constituição de 1934.

Dentre esses avanços no campo social, tem-se que **a propriedade ficou condicionada ao "bem-estar social"**.

Pela primeira vez, a ordem econômica passou a contemplar a função social da propriedade, nos termos do art. 147 da CF/1988.

A Constituição de 1946 busca conciliar direitos individuais com respeito à justiça social.

O art. 147 menciona, em seu *caput*, que a lei poderá promover a justa distribuição da propriedade, **com igual oportunidade para todos**. No seu § 1º, tem-se que a **União poderá promover a desapropriação da propriedade territorial rural**, mediante pagamento de prévia e justa indenização em títulos especiais da dívida pública, resgatáveis no prazo máximo de 20 anos.

Há, assim, as bases para a reforma agrária, com oportunidades iguais para todos.

Importante também dizer que, com a Constituição democrática de 1946, se incorporou a desapropriação por interesse social, que foi regulada pela Lei nº 4.132/1962 (HAVRENNE, 2018b).

Com o regime militar, veio a Constituição de 1967, que tinha enorme preocupação com a questão da segurança nacional. Houve uma centralização das atribuições, antes pertencentes a Estados e Municípios, no âmbito federal, razão pela qual "foi uma Constituição centralizadora" (BASTOS, 1990, p. 80).

No tocante à função social da propriedade, a Constituição outorgada de 1967 ("Carta") **manteve tal dispositivo no título da ordem econômica**. Tal preocupação demonstra a importância deste elemento para o progresso da nação, tanto do ponto de vista econômico como do social (HAVRENNE, 2018b).

A EC nº 1, de 17.10.1969, que muitos doutrinadores consideram como uma nova Constituição Federal, "Carta" de 1969, preservou a redação sobre a função social.

No entanto, como bem observa Luiz Edson Fachin, tanto na Carta de 1967 como na de 1969, havia um descompasso entre o que estava presente no texto e a prática. Isto é mais eloquente, se se considerar que essas duas Constituições não decorreram da vontade popular, mas, sim, foram impostas pelos governantes (FACHIN, 2011).

Por fim, com a CF/1988, conhecida como **"cidadã"**, houve um realce dos direitos fundamentais.

Em relação ao direito de propriedade, tem-se que o seu regime jurídico está na Constituição de 1988, sendo que a propriedade não pode ser tida unicamente como um direito individual. Ao revés, há um componente social, imprescindível à compreensão do instituto.

Veja-se que a CF/1988 deslocou a função social para o início do texto constitucional (art. 5º), demonstrando a importância hierárquica de referido princípio.

Tal importância é evidente, haja vista que o art. 5º pode ser considerado uma cláusula pétrea (art. 60, § 4º, IV).

Também, manteve-se a função social como princípio da ordem econômica, realçando o caráter social necessário para o desenvolvimento do país.

2.2.1.2 Conceito de função social da propriedade

Dentre os direitos fundamentais previstos na CF/1988, tem-se a propriedade.[1] Não obstante, **para que haja proteção constitucional plena há a necessidade de que ela observe a função social.**[2]

---

[1] Art. 5º, *caput*, da CF/1988: Todos são iguais perante a lei, sem distinção de qualquer natureza, garantindo-se aos brasileiros e aos estrangeiros residentes no País a inviolabilidade do **direito à vida, à liberdade, à igualdade, à segurança e à propriedade**, nos termos seguintes: [...] (grifos nossos).

[2] Art. 5º, XXIII, da CF/1988: a propriedade atenderá a sua função social.

A função social é um **princípio-chave do Direto Agrário**. Tal concepção se fundamenta na ideia de que o direito coletivo deve preponderar sobre o individual. A propriedade não pode ser tida com algo exclusivamente privado, uma vez que deve se submeter aos ditames da justiça social.

Fazendo uma incursão sobre o conceito, **Eros Grau (2014) distingue a propriedade individual e a propriedade dotada de função social. Enquanto a primeira tem sua base jurídica no art. 5°, XXII, da CF/1988, a segunda tem seu alicerce no art. 5°, XXIII, da CF/1988.**

Ademais, **a presença da função social como princípio da ordem econômica (art. 170, III) gera certa relativização ao conceito meramente patrimonial da propriedade, na medida em que ela tem de observar o interesse público.**

Assim, de acordo com as normas constitucionais, a propriedade não é algo exclusivamente privado, nem um direito absoluto, fonte única de poder pessoal. Ao revés, a função social incorpora o direito de propriedade, de maneira que a justificativa para a sua existência está no atendimento aos preceitos da justiça social.

Vistas tais premissas, o conteúdo do princípio da função social será extraído do próprio texto constitucional, que aduz, no seu art. 186:

> Art. 186. A função social é cumprida quando a propriedade rural atende, simultaneamente, segundo critérios e graus de exigência estabelecidos em lei, aos seguintes requisitos:
>
> I – aproveitamento racional e adequado;
>
> II – utilização adequada dos recursos naturais disponíveis e preservação do meio ambiente;

III – observância das disposições que regulam as relações de trabalho;

IV – exploração que favoreça o bem-estar dos proprietários e dos trabalhadores.

A doutrina aponta para quatro dimensões da função social, quais sejam:

a) dimensão de produtividade – inciso I;
b) dimensão ambiental – inciso II;
c) dimensão trabalhista – inciso III; e
d) dimensão social ou "bem-estar" – inciso IV.

A produtividade se liga ao aproveitamento econômico do imóvel rural, sendo a sua análise feita à luz da Lei nº 8.629/1993. Para a aferição da produtividade, há dois conceitos, que são, o **grau de utilização da terra ("GUT") e eficiência na exploração ("GEE")**.[3]

Para que o imóvel rural seja considerado produtivo, deve atender aos índices fixados pelo órgão federal, de forma simultânea.

Nos termos da Lei nº 8.629/1993 (art. 6º), **considera-se produtiva a propriedade que apresenta GUT igual ou superior a 80% e GEE igual ou superior a 100%**, *verbis*:

> Art. 6º Considera-se propriedade produtiva aquela que, explorada econômica e racionalmente, atinge, simultaneamente, graus de utilização da terra e de eficiência na exploração, segundo índices fixados pelo órgão federal competente.

---

[3]. Art. 6º, *caput*, da Lei nº 8.629/1993: Considera-se propriedade produtiva aquela que, explorada econômica e racionalmente, atinge, simultaneamente, graus de utilização da terra e de eficiência na exploração, segundo índices fixados pelo órgão federal competente.

> § 1º O grau de utilização da terra, para efeito do *caput* deste artigo, deverá ser igual ou superior a 80% (oitenta por cento), calculado pela relação percentual entre a área efetivamente utilizada e a área aproveitável total do imóvel.
>
> § 2º O grau de eficiência na exploração da terra deverá ser igual ou superior a 100% (cem por cento), e será obtido de acordo com a seguinte sistemática:
>
> I – para os produtos vegetais, divide-se a quantidade colhida de cada produto pelos respectivos índices de rendimento estabelecidos pelo órgão competente do Poder Executivo, para cada Microrregião Homogênea;
>
> II – para a exploração pecuária, divide-se o número total de Unidades Animais (UA) do rebanho, pelo índice de lotação estabelecido pelo órgão competente do Poder Executivo, para cada Microrregião Homogênea;
>
> III – a soma dos resultados obtidos na forma dos incisos I e II deste artigo, dividida pela área efetivamente utilizada e multiplicada por 100 (cem), determina o grau de eficiência na exploração (...) (grifos nossos).

No entanto, a dimensão da produtividade é somente uma das quatro dimensões a serem atendidas para que o imóvel cumpra a função social.

A dimensão ambiental implica que a exploração econômica do imóvel rural respeite a legislação ambiental. Noutros termos, deve-se compatibilizar a questão econômica com a ambiental.

A dimensão trabalhista obriga que a exploração se dê com o respeito às normas regulatórias das relações de trabalho, vedando-se, por exemplo, o uso de mão de obra escrava.

A dimensão social ou "bem-estar" pressupõe o atendimento à finalidade social da exploração do imóvel rural, atendendo a interesses tanto dos proprietários como dos trabalhadores.

A função social da propriedade é realizada se forem cumpridas, **simultaneamente**, as quatro dimensões acima referidas.

Nesse sentido, não basta que o imóvel seja produtivo, mas não respeite as relações trabalhistas, ambientais e sociais. **Caso ele infrinja qualquer das dimensões da função social, ele estará sujeito à desapropriação para fins de reforma agrária.**

Dessa forma, a leitura correta para o art. 185, II, que dispõe que "são insuscetíveis de desapropriação para fins de reforma agrária: (...) II – a propriedade produtiva", **é a de que o imóvel que não é passível de desapropriação-sanção é aquele que cumpre a sua função social, não bastando o atendimento exclusivo de exploração racional e adequada, sob o ponto de vista unicamente econômico.**

Para a exata compreensão do disposto no art. 185, II, não é possível fazer uma leitura isolada do dispositivo, sem se atentar para o art. 186. O sentido constitucional deve ser extraído a partir de uma interpretação abrangente.

Na lição de Eros Grau (2014, p. 161), tem-se: "(...) não se interpretam textos normativos constitucionais, isoladamente, mas sim a Constituição, no seu todo".

Portanto, o descumprimento de qualquer um dos requisitos do art. 186 leva à possibilidade de que o imóvel rural seja desapropriado para fins de reforma agrária.

O entendimento da autarquia agrária ("INCRA") é justamente nesse sentido, conforme exposto na *Lei 8.629/1993 comentada por procuradores federais*. Veja-se:

> (...) diz-se que a propriedade produtiva, aquela que atendeu ao critério econômico da função social, poderá ser alvo de desapropriação-sanção se não forem observadas as demais condicionantes da função social, o bem-estar social e as vertentes trabalhista e ambiental. Esta ilação não se perfaz de forma isolada; ao contrário, é resultado da interpretação sistemática do texto constitucional, que vedou submeter a propriedade produtiva à desapropriação, por interesse social, para fins de reforma agrária, desde que esteja atenta ao cumprimento simultâneo das demais funções sociais (BRASIL, 2011, p. 90).

Segundo a jurisprudência do STF (MS n° 22.164/SP, Rel. Ministro Celso de Mello, Julgamento: 30.10.1995, Órgão Julgador: Tribunal Pleno), também se vislumbra a possibilidade de desapropriação para fins de reforma agrária de imóvel que não cumpre a função ambiental.

Logo, o descumprimento da dimensão ambiental gera a possibilidade de desapropriação para fins de reforma agrária do imóvel rural, uma vez que ele não cumpre a função social.

Quanto às relações trabalhistas, **importante mencionar a alteração promovida pela EC n° 81/2014 na redação do art. 243 da CF/1988**, conforme segue:

> Art. 243. As propriedades rurais e urbanas de qualquer região do País onde forem localizadas culturas ilegais de plantas psicotrópicas **ou a exploração de trabalho escravo na forma da lei serão expropriadas e destinadas à reforma agrária e a programas de habitação popular, sem qualquer indenização ao proprietário e sem prejuízo de outras sanções previstas em lei, observado, no que couber, o disposto no art. 5°**. (Redação dada pela Emenda Constitucional n° 81, de 2014.)

Parágrafo único. Todo e qualquer bem de valor econômico apreendido em decorrência do tráfico ilícito de entorpecentes e drogas afins e da exploração de trabalho escravo será confiscado e reverterá a fundo especial com destinação específica, na forma da lei. (Redação dada pela Emenda Constitucional nº 81, de 2014) (grifos nossos).

Dessa forma, incluiu-se o confisco da propriedade no caso de existência de trabalho escravo. **O confisco não gera direito a qualquer indenização, diferente da desapropriação.**

Assim, **a função social deve ser analisada sob um enfoque múltiplo, ou seja, quando a propriedade atende às dimensões de produtividade, ambiental, social e trabalhista.** Essa linha de raciocínio tem repercussões importantes no uso da desapropriação prevista no art. 184 da CF/1988, e, por conseguinte, nos outros meios de promoção da reforma agrária postos à disposição do administrador (HAVRENNE, 2014).

Por fim, mencione-se que há duas correntes sobre a função social da propriedade. A primeira considera que a função social é mera limitação do direito de propriedade. A segunda entende que a propriedade somente existe se atender à função social. Há consequências diversas, caso se adote a primeira ou a segunda corrente. No primeiro caso, a propriedade privada continua sendo assegurada. Já no segundo, não subsiste tal proteção.

A maior parte da jurisprudência aplica a primeira conceituação, já que o imóvel rural, quando descumpridor da função social, pode ser desapropriado, mas desde que exista indenização. Veja-se:

ADMINISTRATIVO E PROCESSUAL CIVIL. DESAPROPRIAÇÃO. EXPEDIÇÃO DE TÍTULO DE DÍVIDA AGRÁRIA. SUPOSTA OFENSA AOS ARTS. 5º, § 3º, e 25 DA LEI Nº 8.629/1993; 2º e 13 DO DECRETO Nº 578/1992; E 105 DA LEI Nº 4.504/1964. AUSÊNCIA DE PREQUESTIONAMENTO. SÚMULA 211/STJ. FIXAÇÃO DE ASTREINTE CONTRA A FAZENDA PÚBLICA. POSSIBILIDADE. (...)

2. O STJ entende ser **cabível a cominação de multa diária (astreinte) contra a Fazenda pública como meio executivo para cumprimento de obrigação de fazer ou entregar coisa (arts. 461 e 461-A do CPC), inclusive para obrigar autarquia federal a providenciar a escrituração de Títulos da Dívida Agrária (TDA) para o pagamento de indenização pactuada em decorrência de desapropriação, por interesse social, para fins de reforma agrária.** Nesse sentido: REsp 1.688.632/RS, Rel. Ministro Mauro Campbell Marques, Segunda Turma, *DJe* 27.11.2017; REsp 1.694.454/PB, Rel. Ministro Herman Benjamin, Segunda Turma, *DJe* 19.12.2017; AgRg no AREsp 830.066/MG, Rel. Ministro Humberto Martins, Segunda Turma, *DJe* 8.3.2016; AgRg no REsp 1465952/MS, Rel. Ministra Assusete Magalhães, Segunda Turma, *DJe* 11.12.2014; AgRg no REsp 1467280/AL, Rel. Ministro Sérgio Kukina, Segunda Turma, *DJe* 05.11.2014. (...) (AREsp nº 1.577.304/MT, Rel. Ministro Herman Benjamin, Segunda Turma, julgado em 04.02.2020, *DJe* 27.02.2020).

Com efeito, **o posicionamento predominante na jurisprudência é o de que é devida a indenização, mesmo para o imóvel que não cumpra a função social.**

Não obstante tal entendimento, há alguns jusagraristas que defendem posição diversa, no sentido de que é indevido o pagamento de qualquer indenização para os imóveis rurais que não cumpram a função social. Em outras palavras, para referida parcela da doutrina, a função social justifica a existência da propriedade.

2.2.2 Vedação da desapropriação de pequena e média propriedade rural

A Constituição Federal veda a **desapropriação de pequena e média propriedade rural**.

Há claramente a indicação de um direito fundamental, que se liga à subsistência dos pequenos agricultores e produtores rurais.

Fabio Konder Comparato (2000, p. 131-147) indica a importância desse dispositivo:

> Algumas vezes, o direito positivo designa claramente determinada espécie de propriedade como direito fundamental, atribuindo-lhe especial proteção.
>
> É o caso, por exemplo, no direito brasileiro, da pequena e da média propriedade rural. A Constituição (art. 185) as declara insuscetíveis de desapropriação para fins de reforma agrária e determina que a lei lhes garanta tratamento especial. A pequena propriedade rural, ainda, como definida em lei, desde que trabalhada pela família do proprietário, não pode ser objeto de penhora para pagamento de débitos decorrentes de sua atividade produtiva, além de gozar, por lei, de condições favorecidas de financiamento (art. 5º, XXVI).

Tal proibição é devida ao pequeno e médio proprietário de terras, desde que ele não possua outra propriedade, nos termos do art. 185 da CF/1988.

Conforme a Lei nº 8.629/1993, art. 4º, tem-se:

> Art. 4º Para os efeitos desta lei, conceituam-se:
>
> I – Imóvel Rural – o prédio rústico de área contínua, qualquer que seja a sua localização, que se destine ou possa se

destinar à exploração agrícola, pecuária, extrativa vegetal, florestal ou agro-industrial;

II – Pequena Propriedade – o imóvel rural:

a) de área até quatro módulos fiscais, respeitada a fração mínima de parcelamento; (Redação dada pela Lei nº 13.465, de 2017.)

(...)

III – Média Propriedade – o imóvel rural:

a) de área superior a 4 (quatro) e até 15 (quinze) módulos fiscais;

b) (Vetado)

§ 1º **São insuscetíveis de desapropriação para fins de reforma agrária a pequena e a média propriedade rural, desde que o seu proprietário não possua outra propriedade rural** (Redação dada pela nº Lei nº 13.465, de 2017).

§ 2º É obrigatória a manutenção no Sistema Nacional de Cadastro Rural (SNCR) de informações específicas sobre imóveis rurais com área de até um módulo fiscal (Incluído pela Lei nº 13.465, de 2017) (grifos nossos).

De fato, não é razoável desapropriar pequenos e médios produtores rurais, quando uma gama imensa de latifúndios permanecem descumprindo a função social. Ainda, o Estado deve incentivar as pessoas que tenham aptidão para o trabalho no campo a permanecer nele, principalmente os pequenos e médios produtores rurais.

Assim, **a fim de incentivar a produção e subsistência desses pequenos produtores rurais, bem como o desenvolvimento econômico-social da nação, é que se inviabiliza a desapropriação da pequena e da média propriedade rural, desde que o seu proprietário não possua outra propriedade rural.**

2.2.3 Princípio da justiça social

A justiça social pressupõe que a riqueza produzida seja distribuída de forma a assegurar a **dignidade da pessoa humana (art. 1°, III, da CF/1988)**.

Trata-se de um princípio basilar do Direito Agrário, **na medida em que um dos objetivos da República Federativa do Brasil consiste na erradicação da pobreza e da marginalização, bem como na redução das desigualdades sociais e regionais (art. 3°, III, da CF/1988).**

Tudo isso é mais evidente no âmbito rural, onde as desigualdades permeiam a estrutura fundiária, desde o descobrimento do Brasil. Segundo dados do primeiro cadastramento rural do Brasil, realizado em 1967, tem-se a presença de latifúndios em boa parte do território brasileiro (79,1% do total). Há também uma grande quantidade de minifúndios, antieconômicos, que ocupam uma área correspondente a 11,4% do território nacional (MOREIRA, 1990).

Referido cadastramento aponta:

Imóveis rurais	Número (% sobre o total)	Área (% sobre o total)
Minifúndios	71,8	11,4
Empresas rurais	4,8	9,5
Latifúndios por exploração	23,4	73,9
Latifúndios por dimensão	0,005	5,2

Fonte: Moreira (1990, p. 232).

Vislumbra-se, pois, a presença de grande extensão de terras rurais ocupadas por latifúndios e a existência de uma grande parte de minifúndios.

A existência de grandes propriedades subutilizadas, no meio rural, reflete a desigualdade econômica e social, em que há poucos com muito poder econômico e muitos com pouco poder econômico.

Para que a riqueza possa ser mais bem distribuída, o Estado tem de promover um melhor equilíbrio na distribuição de terras, fomentando a participação das pessoas com aptidão rurícola, mas sem meios financeiros.

Na lição de Fábio Konder Comparato (2000, p. 131-147), tem-se:

> Com efeito, quando a Constituição declara como objetivos fundamentais do Estado Brasileiro, de um lado, a construção de uma sociedade livre, justa e solidária, e, de outro lado, a promoção do desenvolvimento nacional, bem como a erradicação da pobreza e da marginalização, com a redução das desigualdades sociais e regionais (art. 3º), é óbvio que ela está determinando, implicitamente, a realização pelo Estado, em todos os níveis – federal, estadual e municipal –, de uma política de distribuição equitativa das propriedades, sobretudo de imóveis rurais próprios à exploração agrícola e de imóveis urbanos adequados à construção de moradias. A não realização dessa política pública representa, indubitavelmente, uma inconstitucionalidade por omissão.

Algumas formas de implementação de justiça social, com a distribuição de riquezas, são a reforma agrária, a regularização fundiária (HAVRENNE, 2018b) e a usucapião rural ou *pro labore* (arts. 184 a 191 da CF/1988).

Ainda, o referido princípio não pode ficar somente no plano teórico, mas, sim, deve efetivamente ser posto em prática.

Assim, o princípio da justiça social é aquele que prega a necessidade de melhor distribuição das riquezas, com base na dignidade da pessoa humana. Ele objetiva a diminuição das desigualdades no campo.

2.2.4 Princípio do desenvolvimento sustentável

Há uma ligação umbilical entre o uso da propriedade rural e a necessidade de respeito às normas ambientais.

A compatibilização entre a questão econômica e a ambiental é que se denomina "desenvolvimento sustentável".

Tal expressão surgiu a partir de estudos da Organização das Nações Unidas (ONU), no fim do século XX (SEGER; HAVRENNE, 2013, p. 153-168).

Dessa forma, não há que se falar em conflito (ou dilema) em que, ou se explora a atividade agrícola, ou se preserva o meio ambiente. Ao revés, a atividade econômica realizada no meio rural deve ser compatível com a preservação do meio ambiente.

Antes da CF/1988, a Lei sobre Política Nacional do Meio Ambiente (Lei n° 6.938/1981) já dispunha no seu art. 4°, I, sobre a necessidade de "compatibilização do desenvolvimento econômico-social com a preservação da qualidade do meio ambiente e do equilíbrio ecológico".

Em outras palavras, não basta o crescimento econômico puro e simples, em que não se resguarda a questão social. Há, sim, a necessidade de busca pelo desenvolvimento, que deve levar em consideração as questões sociais e humanas.

Dentre essas questões humanas, ressai o direito ao meio ambiente ecologicamente equilibrado. Trata-se de um **direito** humano fundamental, que não deve ser objeto de proteção unicamente pela legislação interna dos países. Ao revés, **há um dever global de proteção ao meio ambiente, uma vez que intimamente vinculado à vida.**

Um marco mundial sobre a questão ambiental ocorreu com Conferência das Nações Unidas de 1972, em Estocolmo, em que foram redigidos 26 princípios. **Por meio da Declaração do Meio Ambiente firmada reconheceu-se o meio ambiente como um direito fundamental** (SILVA, 2003). Nas considerações da Declaração de Estocolmo sobre o meio ambiente, evidencia-se a preocupação com o desenvolvimento sustentável, em inúmeras passagens. A título ilustrativo, veja-se:

> 2. A proteção e o melhoramento do meio ambiente humano é uma questão fundamental que afeta o bem-estar dos povos e o desenvolvimento econômico do mundo inteiro, um desejo urgente dos povos de todo o mundo e um dever de todos os governos.

Com a Conferência das Nações Unidas sobre o Meio Ambiente, realizada no Rio de Janeiro em 1992, ECO-92, foi reafirmada a necessidade de compatibilização entre a proteção do meio ambiente e a exploração econômica, ou seja, do desenvolvimento sustentável.

No ano de 2015, a Assembleia Geral da ONU adotou o documento "Transformando Nosso Mundo: a Agenda 2030 para o Desenvolvimento Sustentável", que se trata de guia para a comunidade internacional, bem como plano de ação para todas as pessoas, com o objetivo de efetivar políticas sustentáveis no planeta (NAÇÕES UNIDAS, 2015).

É um plano de ação que tem como eixos **as pessoas, o planeta, a prosperidade, a paz, bem como a parceria**, todos eles voltados para a implementação da agenda.

Por sua vez, **a Agenda 2030 possui 17 objetivos e 169 metas**, sendo que os objetivos contemplam as **dimensões ambiental, social e econômica**. Os 17 objetivos consistem em: 1. Erradicação da Pobreza; 2. Fome Zero e Agricultura Sustentável; 3. Saúde e Bem-Estar; 4. Educação de Qualidade; 5. Igualdade de Gênero; 6. Água Potável e Saneamento; 7. Energia Acessível e Limpa; 8. Trabalho Decente e Crescimento Econômico; 9. Indústria, Inovação e Infraestrutura; 10. Redução das Desigualdades; 11. Cidades e Comunidades Sustentáveis; 12. Consumo e Produção Responsáveis; 13. Ação contra a Mudança Global do Clima; 14. Vida na Água; 15. Vida Terrestre; 16. Paz, Justiça e Instituições Eficazes; 17. Parcerias e Meios de Implementação (NAÇÕES UNIDAS, 2015).

Na CF/1988, há inúmeros dispositivos que trazem embutido o conceito de desenvolvimento sustentável (por exemplo: art. 170, VI; art. 186, II; art. 225).

Como já visto, a função social da propriedade rural tem como uma de suas dimensões, a de cunho ambiental. Logo, a função social somente é respeitada se obedecidas as regras ambientais.

No art. 170, VI, da CF/1988, estipula-se que um dos princípios da ordem econômica é justamente a defesa do meio ambiente, tornando clara a relação entre as questões econômicas e o respeito ao meio ambiente.

No art. 225 da CF/1988, apresentam-se normas para a preservação do meio ambiente ecologicamente equilibrado, condicionando a exploração econômica, em certos casos, a limites ambientais.

A ligação entre o direito ao meio ambiente e as questões econômicas é evidente na lição de Eros Grau (2014, p. 250-251), que segue:

O princípio da defesa do meio ambiente conforma a ordem econômica (mundo do ser), informando substancialmente os princípios da garantia do desenvolvimento e do pleno emprego. Além de objetivo, em si, é instrumento necessário – e indispensável – à realização do fim dessa ordem, o de assegurar a todos existência digna. Nutre também, ademais, os ditames da justiça social. Todos têm direito ao meio ambiente ecologicamente equilibrado, bem de uso comum do povo – diz o art. 225, *caput*.

Em suma, a necessidade de uso adequado dos recursos econômicos, com o respeito às normas ambientais, dá os contornos do princípio do desenvolvimento sustentável. Há uma ligação intensa entre a questão da exploração econômica no campo e a proteção ambiental. O desenvolvimento econômico-social, que é diverso de mero crescimento econômico, somente ocorre com o respeito aos direitos humanos fundamentais, sendo o meio ambiente um deles.

2.3 Demais princípios do Direito Agrário

A doutrina elenca alguns outros princípios, que decorrem dos acima vistos.

É possível também extraí-los dos arts. 1º a 3º da Lei nº 4.504/1964 (Estatuto da Terra).

Dentre os princípios mencionados pela doutrina, podem ser citados:

a) permanência na terra (uso da propriedade condicionado ao respeito à função social);

b) acesso à propriedade da terra (dever do Poder Público de promover e criar as condições de acesso do trabalhador rural à propriedade da terra economicamente útil – art. 2°, § 2°, *a*, do Estatuto da Terra);

c) prevalência do homem na terra (proteção do trabalho rural conferida ao agricultor);

d) aumento da produtividade (criação de riqueza pela produção – art. 2°, § 2°, *b*, do Estatuto da Terra);

e) bem-estar coletivo (erradicação da pobreza e redução das desigualdades sociais e regionais);

f) proteção das terras das populações indígenas (direito dos índios às terras que ocupam, sendo tal direito conhecido como indigenato – art. 2°, § 4°, do Estatuto da Terra);

g) incentivo ao cooperativismo (estímulo ao uso pelas entidades privadas da terra em condomínio, quer sob a forma de cooperativas quer como sociedades abertas – art. 3°, *caput*, do Estatuto da Terra).

Mencione-se, por fim, que a nomenclatura dos princípios agrários diverge bastante, conforme a doutrina estudada. No entanto, a compreensão do sentido dos princípios e das regras agrárias forma a base desse ramo do Direito, que apresenta peculiaridades em relação às demais áreas jurídicas.

3

Reforma agrária

3.1 Aspectos gerais da reforma agrária

A reforma agrária busca promover uma melhor distribuição de terras, tornando o seu acesso possível aos trabalhadores que almejam produzir no campo. Busca-se evitar a concentração de terras nas mãos de algumas pessoas, em especial, dos especuladores imobiliários.[1] A distribuição de renda é um objetivo fulcral da reforma agrária (HAVRENNE, 2018b).

Tomando uma linguagem mais figurada, Francisco Julião (2006, p. 194), um dos líderes das Ligas Camponesas, que eram movimentos sociais, das décadas de 1940-1960, com lema na reforma agrária, conceitua-a do seguinte modo:

> Que é a reforma agrária? A reforma agrária é o direito à terra para o camponês trabalhar. É a luta contra o latifúndio. É a criação da média e da pequena propriedade. É a escola para o camponês aprender. É o remédio para

---

[1.] Art. 1º, § 1º, da Lei nº 4.504/1964: Considera-se Reforma Agrária o conjunto de medidas que visem a promover melhor distribuição da terra, mediante modificações no regime de sua posse e uso, a fim de atender aos princípios de justiça social e ao aumento de produtividade.

o camponês se curar. É a água para o camponês beber. É a semente para o camponês plantar. É o adubo para dar boa safra. É o arado contra a enxada. É o agrônomo indo ensinar o camponês a cultivar a terra. E a defendê-la da erosão. É o fim da seca no Nordeste. É a luta contra o travessão que acabou com a ação do bode e do carneiro. É a faixa verde em torno das cidades e à beira das estradas de ferro e de rodagem. É o dinheiro emprestado em longo prazo. E a juros de 6% ao ano. É o transporte barato para a feira. É o salário justo contra a exploração. É a liberdade contra a escravidão.

Com efeito, **a reforma agrária objetiva oferecer meios de desenvolvimento social e econômico às pessoas**, na medida em que confere o acesso à terra a uma gama de excluídos.

Ela pressupõe uma modificação no plano jurídico. Em outras palavras, deve existir uma lei que promova a revisão das relações existentes entre o homem e a terra (DUARTE, 1953). Por este motivo, diz-se que o próprio termo "reforma agrária" não seria o mais apropriado, já que reforma não altera profundamente a situação existente. Requer-se, antes de tudo, **uma revolução**, algo que modifique substancialmente as relações sociais, com a criação de um novo sistema (DUARTE, 1953).

Não se deve esquecer que não é somente a mera distribuição de terras que leva à melhoria dos índices de renda. Há que se fornecer os meios para que as pessoas possam produzir nelas, gerando riqueza. A partir disso, é que será viável uma melhoria nas condições sociais e econômicas, proporcionando às pessoas um meio de sobrevivência e progresso na vida.

Ademais, a reforma agrária requisita uma **mudança de mentalidade cultural**, haja vista que se deve quebrar a cultura patrimonialista da manutenção de privilégios daqueles que são próximos ao poder político. O interesse coletivo na produção de alimentos deve preponderar sobre o interesse particular da geração de mais riquezas pela especulação imobiliária.

Assim, a reforma agrária atrela-se à reestruturação da ordenação territorial no meio rural, haja vista que se encontra ligada à **promoção da justiça social**, que, por sua vez, está acompanhada do fundamento da **dignidade da pessoa humana**.

Nestor Duarte (1953, p. 49-50), um dos primeiros responsáveis pela formulação de um projeto de lei, em 1947, sobre a reforma agrária no Brasil, aduz que ela é:

> a lei que promova a revisão das relações jurídicas e econômicas do homem sobre a terra agrícola e, desse modo, a lei que estabeleça condições, por exemplo, para: 1º) modificar ou limitar a propriedade privada da terra com o fim de atender a certos interesses sociais de classes agrícolas que o direito de propriedade privada esteja a contrariar; 2º) para regulamentar a produção agrícola a fim de responder a necessidades de distribuição e consumo dessas classes; 3º) para parcelar a terra e aumentar a oportunidade de sua divisão entre maior número de proprietários ou cultivadores ou a limitação desse parcelamento para assegurar o limite mínimo de sua produtividade e a manutenção econômica dos que nela trabalham, guardada, por isso mesmo, uma escala entre o latifúndio e o minifúndio; 4º) para regulamentar a renda agrícola e reparti-la pelo critério do trabalho visando ao maior número dos que vivem da terra; 5º) para impor a propriedade coletiva ou limitar a individual tendo em vista o tipo de certas terras, de certas culturas, de certos processos técnicos de cultivo em face da situação especial de um grupo ou classe camponesa; 6º) para, finalmente, coletivi-

zar toda a terra, destruindo a propriedade privada, num espraiamento total que defina a mudança extremada do sistema individualista tradicional.

No fundo, o que a reforma agrária almeja é uma **reforma social**, com a distribuição de riqueza entre todos aqueles marginalizados pelo processo de acumulação de riquezas típico do capitalismo.

Em suma, a reforma agrária busca que as pessoas possam se inserir no mercado, garantindo os meios necessários àqueles que desejam produzir. Isso leva a uma melhoria na distribuição de renda, que, por sua vez, colabora para um país mais justo.

3.2 Noção jurídica de reforma agrária

A ordem jurídica nacional impõe a reforma agrária, uma vez que dispõe sobre ela e temas correlatos, nos arts. 184 a 191 da CF/1988.

O **conceito jurídico de reforma agrária** está presente no art. 1°, § 1°, da Lei n° 4.504/1964, conhecida como Estatuto da Terra, que expressa:

> § 1° Considera-se Reforma Agrária o conjunto de medidas que visem a promover melhor distribuição da terra, mediante modificações no regime de sua posse e uso, a fim de atender aos princípios de justiça social e ao aumento de produtividade.

Do conceito jurídico, é possível fazer uma análise sob o seguinte espectro:

a) **É um conjunto de medidas que visam a promover melhor distribuição da terra** – há uma série de medidas previstas na CF/1988 destinadas à extinção do latifúndio improdutivo, como o imposto territorial rural progressivo (art. 153, § 4°, I), a desapropriação por interesse social para fins de reforma agrária (arts. 184 e 185), a destinação de terras devolutas (art. 188), a usucapião especial agrária (art. 191), o confisco de terras com culturas ilegais de plantas psicotrópicas ou a exploração de trabalho escravo (art. 243), dentre outras (HAVRENNE, 2018b).

b) **Modificação no sistema de posse e uso** – a posse e o uso da terra somente se justificam se há o atendimento da função social do imóvel rural (art. 186 da CF). Dessa forma, não há mais espaço para latifúndios ou minifúndios, seja pela falta de exploração conveniente (latifúndio), seja pela inviabilidade de geração de renda apta à sua manutenção (minifúndio).

c) **Atendimento aos princípios da justiça social e ao aumento de produtividade** – a justiça social pressupõe que a riqueza produzida seja distribuída de forma a assegurar a dignidade da pessoa humana (art. 1°, III, da CF/1988). Liga-se ainda à erradicação da pobreza e da marginalização, bem como à redução das desigualdades sociais e regionais (art. 3°, III, da CF/1988). Ademais, a produtividade (aspecto econômico) deve contemplar as questões ambientais, trabalhistas e sociais, não se resumindo ao crescimento econômico, mas, sim, ao desenvolvimento econômico-social.

Tal conceito de reforma agrária é retomado, em certa medida, quando o Estatuto da Terra aborda os **objetivos da reforma agrária**. Veja-se:

> Art. 16. A Reforma Agrária visa a estabelecer um sistema de relações entre o homem, a propriedade rural e o uso da terra, capaz de promover a justiça social, o progresso

e o bem-estar do trabalhador rural e o desenvolvimento econômico do país, com a gradual extinção do minifúndio e do latifúndio.

De fato, o ideal, conforme o Estatuto da Terra, seria a presença maciça da empresa rural. Esta, como visto, é o empreendimento que explora racionalmente o imóvel rural, dentro de padrões previamente estipulados (art. 4°, VI).

Nos termos do art. 1° da Lei n° 4.504/1964, o Direito Agrário visa a execução da reforma agrária, bem como a promoção da política agrícola.

Ademais, **a reforma agrária é política do Estado, e não de governo, que deve ser efetivamente implementada.** Não há que se falar em norma que depende de regulamentação para ser posta em prática. **Ao revés, as normas constitucionais que tratam da reforma agrária são cogentes, obrigatórias, razão pela qual não se justifica o seu não cumprimento.**

Veja-se, nesse sentido, lição de Gilberto Bercovici (2005, p. 168-169):

> O problema da Constituição de 1988 e de suas disposições e políticas de distribuição de terras, reforma urbana e reforma agrária é de concretização constitucional. A prática política e o contexto social favorecem uma concretização restrita e excludente dos dispositivos constitucionais. Não havendo concretização da Constituição enquanto mecanismo de orientação da sociedade, ela deixa de funcionar enquanto documento legitimador do Estado. **Na medida em que se amplia a falta de concretização constitucional, com as responsabilidades e respostas sempre transferidas para o futuro, intensifica-se o grau de desconfiança e descrédito do Estado,**

seja como poder político ou como implementador de políticas públicas. Surgem, neste contexto, movimentos e mecanismos "não-oficiais" de solução de conflitos de interesse, como o MST (Movimento dos Trabalhadores-Sem-Terra) e o Movimento dos Sem-Teto, como reação à falta de legalidade (no sentido de concretização das normas constitucionais), cujas reivindicações são perfeitamente legítimas: não pedem mais que o cumprimento da Constituição da República (grifos nossos).

Com efeito, a falta de implementação da reforma agrária, que é uma obrigação prioritária do Estado, faz com que surja uma lacuna no âmbito das políticas públicas. Este espaço é muitas vezes preenchido por atores "não oficiais", já que o Estado não realiza a norma constitucional. Dentre esses atores, destacam-se os movimentos sociais.

Importante mencionar que **as alienações e concessões de terras públicas para fins de reforma agrária podem, de forma excepcional, exceder área de 2.500 hectares (art. 188, § 2°, da CF/1988).**

Lembre-se de que, como regra, **a alienação ou a concessão, a qualquer título, de terras públicas com área superior a 2.500 hectares a pessoa física ou jurídica, ainda que por interposta pessoa, depende de prévia aprovação do Congresso Nacional (art. 188, § 1°, da CF/1988).**

Diga-se também que **os beneficiários dos imóveis rurais para fins de reforma agrária receberão títulos de domínio ou de concessão de uso, inegociáveis pelo prazo de 10 anos.**

Objetiva-se que o imóvel rural seja utilizado por aqueles que possuem aptidão rural, mas não possuem os instrumentos necessários à produção rural. Logo, a terra é um dos alicerces da produção rural, mas a sua finalidade, no caso da reforma agrária, é atender àqueles que pretendem efetivamente usá-la para a sua subsistência, colaborando para o desenvolvimento econômico-social do país. A reforma agrária busca inibir o comércio de terras por aqueles que não estejam enquadrados no público-alvo da reforma agrária.

Ademais, **o título de domínio e a concessão de uso serão conferidos ao homem ou à mulher, ou a ambos**, independentemente do estado civil, nos termos da lei (art. 189, parágrafo único, da CF/1988).

Não há espaço para qualquer forma de discriminação no campo da reforma agrária. Nesse sentido, o dispositivo constitucional deve ter interpretação ampliada, para alcançar também as uniões homoafetivas, conforme entendimento da Procuradoria do INCRA (BRASIL, 2011).

A Lei nº 8.629/1993, por sua vez, estipula o processo de seleção de beneficiários da reforma agrária (arts. 19, 19-A e 20).

Também, os beneficiários da reforma agrária devem assumir o compromisso de não ceder o uso a terceiros, a qualquer título, pelo prazo de 10 anos, bem como o de cultivar o imóvel direta e pessoalmente, ou por meio de seu núcleo familiar (art. 21).

O não cumprimento dessas obrigações enseja a rescisão do título de domínio ou da concessão de uso, com o consequente retorno do imóvel ao órgão alienante ou concedente (art. 22).

Fica, dessa forma, mais evidente, que o objetivo da reforma agrária é a distribuição da terra àqueles que efetivamente tenham aptidão para o trabalho rural, sem, contudo, possuir os meios necessários à produção. Claro também se afigura que o público da reforma agrária são os pequenos produtores rurais, que necessitam de auxílio estatal para a sua subsistência. Para que uma pessoa seja contemplada pela reforma agrária deve assumir o compromisso de cultivar a terra. Por fim, o descumprimento de qualquer condição imposta no título de domínio ou na concessão de uso enseja a rescisão do contrato, com o retorno do imóvel ao órgão alienante ou concedente.

Nesses instrumentos translativos de domínio e nos contratos de concessão de uso haverá sempre cláusula resolutória. Tal cláusula prevê justamente que o descumprimento das condições acordadas com os beneficiários acarreta a rescisão do contrato e o retorno do imóvel ao órgão alienante ou concedente (art. 22).

Em síntese, a reforma agrária é uma política de Estado que busca promover melhor distribuição da terra, mediante modificações no regime de sua posse e uso, a fim de atender aos princípios de justiça social e da função social da propriedade. Ademais, ela tem por fundamento a dignidade da pessoa humana. Almeja, por fim, a erradicação da pobreza, bem como à redução das desigualdades sociais e regionais.

3.3 Principais atores da reforma agrária

3.3.1 Autarquia agrária federal ("INCRA") e entes estaduais/municipais

O ente federal responsável pela execução da reforma agrária é o INCRA, criado pelo Decreto-lei n° 1.110, de 09.07.1970, autarquia federal, com sede em Brasília/DF.

O art. 1° do atual Regimento Interno do INCRA, aprovado pela Portaria n° 531, de 23.03.2020, aduz o seguinte sobre a sua natureza e finalidade:

> Art. 1º O Instituto Nacional de Colonização e Reforma Agrária – INCRA, autarquia federal criada pelo Decreto-

-Lei nº 1.110, de 9 de julho de 1970, vinculada ao Ministério da Agricultura, Pecuária e Abastecimento, dotada de personalidade jurídica de direito público, com autonomia administrativa e financeira, tem sede e foro em Brasília, Distrito Federal e jurisdição em todo o território nacional, com sua estrutura regimental aprovada pelo Decreto nº 10.252, de 20 de fevereiro de 2020.

Parágrafo único. O INCRA tem suas competências estabelecidas na legislação agrária, **em especial as que se referem à realização do ordenamento e à regularização fundiária, e à promoção e à execução da reforma agrária e da colonização** (grifos nossos).

Nota-se, pois, que, dentre as principais atribuições do INCRA, se **destacam a realização da regularização fundiária e a execução da reforma agrária.**

Diante da clareza como o antigo Regimento Interno do INCRA definia as finalidades do INCRA, reproduz-se aqui o seu art. 1º, aprovado pela Portaria nº 338, de 09.03.2018, que dispunha:

> Art. 1º O Instituto Nacional de Colonização e Reforma Agrária – INCRA, autarquia federal (...) tem como finalidades:
>
> I – promover e executar a reforma agrária visando a melhor distribuição da terra, mediante modificações no regime de sua posse e uso, a fim de atender aos princípios de justiça social;
>
> II – promover, coordenar, controlar e executar a colonização;
>
> III – promover as medidas necessárias à discriminação e arrecadação das terras devolutas federais e a sua destinação, visando incorporá-las ao sistema produtivo; e
>
> IV – gerenciar a estrutura fundiária do país.

Bem se vê, portanto, que as finalidades do INCRA são bastante amplas. **A regularização fundiária e a reforma agrária são temas vastos, que se vinculam com praticamente toda a questão fundiária nacional.** Nesse sentido, também são fins da autarquia agrária a execução da colonização, a discriminação e arrecadação das terras devolutas federais e o gerenciamento da estrutura fundiária do país.

Além do INCRA, verifica-se a presença de diversos institutos de terras estaduais e municipais, que objetivam a promoção de uma política de desenvolvimento do meio rural.

Nos termos do art. 6°, *caput*, da Lei n° 4.504/1964, prevê-se que:

> Art. 6° A União, os Estados, o Distrito Federal e os Municípios poderão unir seus esforços e recursos, mediante acordos, convênios ou contratos para a solução de problemas de interesse rural, principalmente os relacionados com a aplicação da presente Lei, visando a implantação da Reforma Agrária e à unidade de critérios na execução desta.

Percebe-se, muitas vezes, que os entes das múltiplas esferas de poder se unem para executar ações de melhoria das condições do campo. Citem-se, como exemplo, os convênios e acordos de cooperação técnica que o INCRA firma com diversos institutos de terras para desenvolver atividades no meio rural.

3.3.2 Movimentos sociais

A manifestação de vontade do povo é expressa não como uma vontade de massas, da multidão, como algo uno e homogêneo (TELLES JÚNIOR, 2006). Ao revés, ela se dá por meio de órgãos ou movimentos que suportam os seus anseios.

No campo da reforma agrária, tais reivindicações se apresentam nítidas. Desde a década de 1940, as Ligas Camponesas já pregavam a necessidade de união entre os camponeses, seja nos sindicatos, seja nas cooperativas, para a luta pela reforma agrária. A falta de união não levaria a lugar algum.

Nos dias de hoje, **os movimentos sociais são importantes para a efetivação das políticas previstas na CF/1988, dentre as quais está a reforma agrária.**

Isso ocorre em razão da falta de cumprimento dos ditames constitucionais pelo Estado, sendo tal lacuna de poder preenchida pelos movimentos sociais.

Um dos obstáculos a serem enfrentados pelos movimentos sociais está na própria noção de propriedade, que, apesar de ter de cumprir a função social, encontra forte resistência de poderosos grupos econômicos, que insistem em defender o seu caráter absoluto, intocável e sagrado.

A pressão dos movimentos sociais deve se dar por meios legítimos, como o diálogo, as ocupações (de imóveis rurais que descumprem a função social) e a participação na escolha de políticas agrárias. Não há suporte legal para as ações que desbordem da legalidade, como a invasão de imóveis públicos e particulares (que respeitem a função social), com a destruição do patrimônio.

Por óbvio, se, de um lado, não são legítimas as ações praticadas por alguns dos integrantes dos movimentos sociais, de outro, não é correta a criminalização destes movimentos como um todo. Transmitir a ideia de que o movimento é ilegal é uma forma de deslegitimá-lo, o que não se afigura certo no contexto democrático, em que deve coexistir a pluralidade de opiniões e ideias.

A luta pela reforma agrária é legítima e deve ser incentivada de maneira organizada. Não obstante, os mecanismos de pressão não devem desbordar da legalidade.

3.3.3 Ministério Público

Um dos entes que devem colaborar para a efetivação da política de reforma agrária é o Ministério Público.

Frise-se que a colaboração se vincula ao controle que o *parquet* realiza nos casos envolvendo litígios coletivos pela terra (art. 178 do Código de Processo Civil – CPC/2015[2]).

Além disso, a colaboração do Ministério Público não significa assessoria jurídica das entidades públicas, o que é vedado pela CF/1988,[3] mas, sim, à garantia do interesse público.

Nesse sentido, o art. 127, *caput*, da CF/1988 aduz que ao *parquet* incumbe a defesa da ordem jurídica, do regime democrático e dos interesses sociais e individuais indisponíveis.[4]

Aliás, a própria existência do Ministério Público se vincula à defesa do interesse público primário, isto é, o interesse da sociedade ou da coletividade, em contraposição ao interesse

---

[2]. Art. 178. O Ministério Público será intimado para, no prazo de 30 (trinta) dias, intervir como fiscal da ordem jurídica nas hipóteses previstas em lei ou na Constituição Federal e nos processos que envolvam:
I – interesse público ou social;
II – interesse de incapaz;
III – litígios coletivos pela posse de terra rural ou urbana.
Parágrafo único. A participação da Fazenda Pública não configura, por si só, hipótese de intervenção do Ministério Público.

[3]. Art. 129. São funções institucionais do Ministério Público: (...)
IX – exercer outras funções que lhe forem conferidas, desde que compatíveis com sua finalidade, sendo-lhe vedada a representação judicial e a consultoria jurídica de entidades públicas.

[4]. Art. 127 da CF/1988. O Ministério Público é instituição permanente, essencial à função jurisdicional do Estado, incumbindo-lhe a defesa da ordem jurídica, do regime democrático e dos interesses sociais e individuais indisponíveis. (...)

público secundário, que é o da administração propriamente dita (MAZZILLI, 2004).

A **modificação da estrutura fundiária brasileira é o pilar para que haja a construção de uma sociedade democrática**, em que todos tenham acesso aos meios de produção.

Os **conflitos agrários** evidentemente apresentam um aspecto social, em que se busca a **transformação desta estrutura fundiária**. Também, em regra, apresentam conotação coletiva, com a presença de diversas pessoas.

Dessa forma, o **Ministério Público é um agente importante na transformação da ordem econômica, na medida em que deve zelar pelo interesse da sociedade, sendo a reforma agrária uma política constitucional necessária.**

Inúmeros instrumentos são colocados à sua disposição, como as notificações, a requisição de diligências, o inquérito civil público e a ação civil pública, dentre outros.[5]

Em alguns casos, percebe-se que o Ministério Público atua ao lado da autarquia responsável pela execução da reforma agrária, o INCRA, como em algumas ações judiciais para re-

---

[5.] Art. 129 da CF/1988. São funções institucionais do Ministério Público: I – promover, privativamente, a ação penal pública, na forma da lei; II – zelar pelo efetivo respeito dos Poderes Públicos e dos serviços de relevância pública aos direitos assegurados nesta Constituição, promovendo as medidas necessárias a sua garantia; III – promover o inquérito civil e a ação civil pública, para a proteção do patrimônio público e social, do meio ambiente e de outros interesses difusos e coletivos; IV – promover a ação de inconstitucionalidade ou representação para fins de intervenção da União e dos Estados, nos casos previstos nesta Constituição; V – defender judicialmente os direitos e interesses das populações indígenas; VI – expedir notificações nos procedimentos administrativos de sua competência, requisitando informações e documentos para instruí-los, na forma da lei complementar respectiva; VII – exercer o controle externo da atividade policial, na forma da lei complementar mencionada no artigo anterior; VIII – requisitar diligências investigatórias e a instauração de inquérito policial, indicados os fundamentos jurídicos de suas manifestações processuais; IX – exercer outras funções que lhe forem conferidas, desde que compatíveis com sua finalidade, sendo-lhe vedada a representação judicial e a consultoria jurídica de entidades públicas. (...)

tomada de terras, a fim de viabilizar a reforma agrária (REVISTA VEJA, 2011).

A atuação conjunta dos dois entes fortalece a pretensão judicial, na medida em que não se busca somente a defesa do patrimônio estatal (interesse público secundário), por meio do órgão de representação jurídica do INCRA, a Procuradoria Federal Especializada, integrante da Advocacia-Geral da União, mas também a preservação do interesse social (interesse público primário), pelo Ministério Público Federal.

Além disso, **o Ministério Público Federal intervém obrigatoriamente na desapropriação para fins de reforma agrária, que deve ser proposta pelo INCRA, zelando pelo cumprimento dos seus requisitos.**[6]

No entanto, o Ministério Público não atua somente cooperando na implementação da reforma agrária. Deve o *parquet* fiscalizar as condições dos assentamentos, em especial, os requisitos de suporte técnico e financeiro, bem como o respeito aos valores ambientais.

O Ministério Público tem o papel de controlar a adequada alocação de recursos públicos vinculados à reforma agrária.

De mais a mais, o *parquet* deve exigir que os órgãos executores da reforma agrária não se omitam no cumprimento de seus deveres, como na obtenção de imóveis prioritários à pacificação social.

Em suma, **o Ministério Público é um dos canais mais importantes de comunicação da sociedade, devendo zelar pelo interesse público primário, fiscalizando a correta alocação de**

---

[6]. Art. 17, § 2°, da LC n° 76/1993: O Ministério Público Federal intervirá, obrigatoriamente, após a manifestação das partes, antes de cada decisão manifestada no processo, em qualquer instância.

recursos, bem como a efetiva ação do ente responsável pela execução da reforma agrária.

3.3.4 Defensoria Pública

Outro ator importante na defesa dos interesses individuais e coletivos vinculados à reforma agrária é a Defensoria Pública, que vem ganhando espaço, desde a EC n° 45, de 2004, conhecida como Reforma do Judiciário.

A CF/1988, em seu art. 134, *caput*, aponta que a Defensoria Pública é essencial à função jurisdicional do Estado, **incumbindo-lhe a promoção dos direitos humanos e a defesa dos direitos individuais e coletivos dos necessitados**.[7]

Boa parte do público da reforma agrária é composta por pessoas que não possuem condições financeiras de acesso à Justiça.

Nesse sentido, ações da Defensoria que visem a garantir, para esta população marginalizada, condições mínimas de saúde e educação, muitas vezes em situação precária nos assentamentos, colaboram com o propósito da reforma agrária.

Ainda, **cada vez mais vem sendo firmada a tese de que a Defensoria Pública detém legitimidade para propor ações civis de interesse da coletividade, que não devem se limitar aos interesses dos necessitados**.[8]

[7.] Art. 134 da CF/1988: A Defensoria Pública é instituição permanente, essencial à função jurisdicional do Estado, incumbindo-lhe, como expressão e instrumento do regime democrático, fundamentalmente, a orientação jurídica, a promoção dos direitos humanos e a defesa, em todos os graus, judicial e extrajudicial, dos direitos individuais e coletivos, de forma integral e gratuita, aos necessitados, na forma do inciso LXXIV do art. 5° desta Constituição Federal. (Redação dada pela Emenda Constitucional n° 80, de 2014.)

[8.] Art. 5° da Lei n° 7.347/1985: Têm legitimidade para propor a ação principal e a ação cautelar: (Redação dada pela Lei n° 11.448, de 2007.) (*Vide* Lei n° 13.105, de 2015.)

Assim, no campo dos interesses coletivos, a possibilidade de promoção de ações civis públicas, sem qualquer vínculo com a defesa dos hipossuficientes, leva a uma sobreposição de atividades com o Ministério Público. O fim evidente é garantir mais um órgão apto a promover a defesa dos interesses coletivos, dentre eles a pacificação dos conflitos pela terra.

Diga-se também que a Lei Orgânica da Defensoria Pública da União elenca como uma de suas funções a representação junto aos sistemas internacionais de direitos humanos, postulando perante seus órgãos.[9]

Eventual omissão do Estado Brasileiro na defesa da reforma agrária, que leve a um conflito no campo, com violação dos direitos humanos, pode ser arguida perante sistemas internacionais, como o interamericano de proteção dos direitos humanos.

3.3.5 Universidades

Um agente importante na promoção da reforma agrária são os acadêmicos, que devem colaborar no estudo e na difusão de conhecimentos sobre o tema.

A formulação de pesquisas e a disseminação de ideias são essenciais na efetivação da reforma agrária.

O conhecimento teórico ajuda a uma melhor reflexão sobre os problemas práticos envolvendo os conflitos no campo.

(Vigência) I – o Ministério Público; (Redação dada pela Lei nº 11.448, de 2007.); II – a Defensoria Pública; (Redação dada pela Lei nº 11.448, de 2007.) (...).

[9]. Art. 4º da LC nº 80/1994. São funções institucionais da Defensoria Pública, dentre outras: (...) VI – representar aos sistemas internacionais de proteção de direitos humanos, postulando perante seus órgãos; (Redação dada pela Lei Complementar nº 132, de 2009.)

A universidade é um espaço de debate de ideias, em que a pluralidade de opiniões deve ser respeitada. Ainda, a formação de pessoas capazes de exercer a cidadania é um de seus objetivos. Um exemplo disso são as parcerias que o INCRA faz com as universidades, com vistas a oferecer cursos de direito aos assentados e agricultores familiares.

Assim, um importante canal de comunicação para a formulação de políticas de reforma agrária se encontra no meio acadêmico.

4

Aquisição e arrendamento de imóveis rurais por estrangeiros

4.1 Soberania

A soberania, para a doutrina majoritária, é um dos elementos do Estado, ao lado do povo e do território (DALLARI, 1987).

Constitui-se, assim como a cidadania, a dignidade da pessoa humana, os valores sociais do trabalho e da livre-iniciativa e o pluralismo político, num fundamento da República Federativa do Brasil. Também, a soberania é um princípio da ordem econômica.[1]

---

[1] Art. 1º A República Federativa do Brasil, formada pela união indissolúvel dos Estados e Municípios e do Distrito Federal, constitui-se em Estado Democrático de Direito e tem como fundamentos:
I – a soberania;
II – a cidadania;
III – a dignidade da pessoa humana;
IV – os valores sociais do trabalho e da livre iniciativa; (Vide Lei nº 13.874, de 2019.)
V – o pluralismo político.

No plano internacional, significa paridade de tratamento com outras nações (HAVRENNE, 2012). Diferencia-se assim da **autonomia**, conferida aos Estados federados, e "que compreende governo próprio dentro do círculo de competências traçadas pela Constituição Federal" (SILVA, 2002, p. 100).

Assim, soberania é o poder do Estado juridicamente ilimitado, em posição de coordenação, e não de subordinação, em relação aos demais Estados (BASTOS, 1990).

Para que a soberania seja resguardada, o Estado tem de proteger o seu território.

Além disso, há a questão alimentar. Uma nação promove o seu desenvolvimento econômico-social, na medida em que garante o uso sustentável da terra, proporcionando alimentação saudável ao seu povo. Ademais, ela tem o direito de promover as estratégias para produção, distribuição e consumo de alimentos. Em outras palavras, a terra e o alimento são as bases para a soberania alimentar.

Nesse contexto, tem-se que um dos tópicos mais importantes do Direito Agrário é a aquisição de imóveis rurais por estrangeiros.

4.2 Aquisição de imóveis rurais por estrangeiros

A preocupação com a aquisição de imóveis rurais por estrangeiros vem de longa data.

Parágrafo único. Todo o poder emana do povo, que o exerce por meio de representantes eleitos ou diretamente, nos termos desta Constituição. (Grifos nossos.)
Art. 170. A ordem econômica, fundada na valorização do trabalho humano e na livre iniciativa, tem por fim assegurar a todos existência digna, conforme os ditames da justiça social, observados os seguintes princípios:
I – **soberania nacional**; (...) (grifos nossos).

O art. 1º da Lei nº 601, de 18.09.1850 (Lei de Terras), em conjunto com o art. 82 do Decreto nº 1.318, de 30.01.1854, tratava do tema, *in verbis*:

Art. 1º da Lei nº 601, de 18.09.1850:

> Ficam prohibidas as acquisições de terras devolutas por outro titulo que não seja o de compra. Exceptuam-se as terras situadas nos limites do Imperio com paizes estrangeiros em uma zona de 10 leguas, as quaes poderão ser concedidas gratuitamente.

Art. 82 do Regulamento aprovado pelo Decreto nº 1.318, de 30.01.1854:

> Dentro da zona de dez léguas contigua aos limites do Imperio com Paizes Estrangeiros, e em terras devolutas, que o Governo pretender povoar, estabelecer-se-hão Colonias Militares.

Durante o governo militar no Brasil, houve nova regulamentação, que se deu com o Ato Complementar nº 45, de 30.01.1969:

> ATO COMPLEMENTAR Nº 45, DE 30 DE JANEIRO DE 1969
>
> O Presidente da República, usando das atribuições que lhe conferem o § 1º do artigo 2º e o artigo 9º do Ato Institucional nº 5, de 13 de dezembro de 1968, resolve baixar o seguinte Ato Complementar:
>
> Art. 1º A aquisição de propriedade rural no território nacional somente poderá ser feita por brasileiro ou por estrangeiro residente no país.
>
> Parágrafo único. O disposto neste artigo não se aplica aos casos de transmissão *causa mortis*.

Art. 2º Para os efeitos dêste Ato, considera-se residente no país o estrangeiro que nêle possua permanência definitiva.

Art. 3º Lei especial determinará as condições, restrições, limitações e demais exigências a que ficará sujeita a aquisição de imóvel rural por pessoa estrangeira natural ou jurídica, tendo em vista a defesa da integridade do território nacional, a segurança do Estado e a justa distribuição da propriedade.

Art. 4º Êste Ato Complementar entrará em vigor na data de sua publicação, revogadas as disposições em contrário.

Com efeito, constata-se que as regras sobre a aquisição de imóveis rurais por estrangeiros se vinculavam a três aspectos primordiais, quais sejam: **a) defesa da integridade do território nacional; b) segurança do Estado; e c) justa distribuição da propriedade** (HAVRENNE, 2018b).

Havia, na época, preocupação intensa com as invasões estrangeiras, principalmente em áreas pouco ocupadas do território brasileiro, como a Amazônia (HAVRENNE, 2018b).

Nota-se, ademais, que cabia à lei especial estabelecer as condições, limitações e demais exigências a que ficaria condicionada referida aquisição.

A lei a que se refere o art. 3º do Ato Complementar foi publicada em 07.10.1971, sendo a **Lei nº 5.709/1971 ainda o principal diploma vigente sobre o tema.**

Com a promulgação da CF/1988, a preocupação com a aquisição de imóveis rurais por estrangeiros foi apontada no art. 190:

A lei regulará e limitará a aquisição ou o arrendamento de propriedade rural por pessoa física ou jurídica estrangeira e estabelecerá os casos que dependerão de autorização do Congresso Nacional.

Com efeito, como não houve nova lei a tratar do tema, a Lei nº 5.709/1971 continuou regulando o tema, tendo sido recepcionada, em boa parte, pela CF/1988.

O Brasil é atualmente o quinto maior país em extensão territorial,[2] sendo um país-continente. Esse é um dos motivos de tanto interesse dos estrangeiros pelas terras brasileiras.

Há diversos projetos de lei em discussão no Congresso Nacional sobre o tema, mas que, até o presente momento, não foram aprovados (ex.: Projeto de Lei nº 2.963/2019 e Projeto de Lei nº 5.637/2019).

Como principais diplomas jurídicos a tratar do tema, tem-se, além da CF/1988, a Lei nº 5.709/1971 e seu regulamento, o Decreto nº 74.965/1974, e o art. 23 da Lei 8.629, de 25.02.1993. Agregue-se a eles os atos normativos do INCRA, como a Instrução Normativa nº 88/2017, bem como a Resolução nº 51/2018.

Registre-se também que a Constituição Federal de 1988 dispõe de alguns casos em que há a necessidade de **autorização do Congresso Nacional.**

Dentre eles, destaca-se a aquisição por pessoa física ou jurídica de área superior a 2.500 hectares.

Como se trata de grande extensão de terras, deverá ser obtida a aprovação do Congresso Nacional:

> Art. 188. A destinação de terras públicas e devolutas será compatibilizada com a política agrícola e com o plano nacional de reforma agrária.

---

[2] Hoje, em extensão territorial, os maiores países são a Rússia (1º lugar), o Canadá (2º lugar), a China (3º lugar), os Estados Unidos (4º lugar) e o Brasil (5º lugar).

§ 1º A alienação ou a concessão, a qualquer título, de terras públicas com área superior a dois mil e quinhentos hectares a pessoa física ou jurídica, ainda que por interposta pessoa, dependerá de prévia aprovação do Congresso Nacional.

§ 2º Excetuam-se do disposto no parágrafo anterior as alienações ou as concessões de terras públicas para fins de reforma agrária.

Por fim, é importante dizer que outra área considerada estratégica ao país é a denominada **"faixa de fronteira", que compreende até 150 km (cento e cinquenta) quilômetros de largura, ao longo das fronteiras terrestres.**[3] Na aludida faixa, também existem requisitos específicos a serem observados por aqueles que desejam adquirir imóveis rurais. Tais requisitos estão previstos na Lei nº 6.634, de 02.05.1979, e na sua regulamentação contida no Decreto nº 85.064, de 26.08.1980, **sendo o principal deles o assentimento do Conselho de Defesa Nacional.**[4]

Frise-se que, na faixa de fronteira, a Lei nº 6.634/1979 permite que o estrangeiro adquira o imóvel rural, desde que exista a anuência prévia do Conselho de Defesa Nacional. Veja-se:

Art. 2º Salvo com o assentimento prévio do Conselho de Segurança Nacional, será vedada, na Faixa de Fronteira, a prática dos atos referentes a: (...)

[3.] Art. 20. São bens da União: (...)
§ 2º A faixa de até cento e cinqüenta quilômetros de largura, ao longo das fronteiras terrestres, designada como faixa de fronteira, é considerada fundamental para defesa do território nacional, e sua ocupação e utilização serão reguladas em lei.

[4.] A Lei nº 6.634/1979 menciona o assentimento do Conselho de Segurança Nacional. Atualmente, o assentimento é dado pelo Conselho de Defesa Nacional (Lei nº 8.183, de 11.04.1991).

V – transações com imóvel rural, que impliquem a obtenção, por estrangeiro, do domínio, da posse ou de qualquer direito real sobre o imóvel; (...)

Dessa forma, ainda que a faixa de fronteira se trate de área estratégica ao país, não há vedação absoluta, neste local, à aquisição de imóveis rurais por estrangeiros. O que se exige, além dos requisitos gerais para a aquisição de imóveis rurais para estrangeiros (que serão apresentados a seguir), é o cumprimento de condicionantes específicas, sendo a mais importante o assentimento do Conselho de Defesa Nacional.

4.3 Requisitos para a aquisição de imóveis rurais por estrangeiros

Há diversos requisitos para as pessoas físicas estrangeiras e para as pessoas jurídicas estrangeiras. Inicialmente, serão apontados os requisitos das primeiras, e após os requisitos das últimas.

Também é importante dizer que **as restrições se referem à aquisição ou ao arrendamento de imóveis rurais por estrangeiros (art. 190 da CF/1988).**[5] Quanto aos imóveis urbanos, não há qualquer limite à sua aquisição pelos estrangeiros (HAVRENNE, 2018b).

4.3.1 Pessoas físicas

São três os requisitos principais: a) nacionalidade, b) residência, e c) dimensão da área (HAVRENNE, 2012).

[5.] Art. 190. A lei regulará e limitará a aquisição ou o arrendamento de propriedade rural por pessoa física ou jurídica estrangeira e estabelecerá os casos que dependerão de autorização do Congresso Nacional.

De início, **em relação à nacionalidade**, as restrições são direcionadas para os estrangeiros, não recaindo nos brasileiros natos e naturalizados.

A condição de brasileiro nato vem expressa no art. 12, I, da CF/1988, que aduz:

> Art. 12. São brasileiros:
>
> I – natos:
>
> a) os nascidos na República Federativa do Brasil, ainda que de pais estrangeiros, desde que estes não estejam a serviço de seu país;
>
> b) os nascidos no estrangeiro, de pai brasileiro ou mãe brasileira, desde que qualquer deles esteja a serviço da República Federativa do Brasil;
>
> c) os nascidos no estrangeiro de pai brasileiro ou de mãe brasileira, desde que sejam registrados em repartição brasileira competente ou venham a residir na República Federativa do Brasil e optem, em qualquer tempo, depois de atingida a maioridade, pela nacionalidade brasileira; (Redação dada pela Emenda Constitucional nº 54, de 2007.)

No mesmo dispositivo, no inciso II, a CF/1988 trata do brasileiro naturalizado. Veja-se:

> II – naturalizados:
>
> a) os que, na forma da lei, adquiram a nacionalidade brasileira, exigidas aos originários de países de língua portuguesa apenas residência por um ano ininterrupto e idoneidade moral;
>
> b) os estrangeiros de qualquer nacionalidade, residentes na República Federativa do Brasil há mais de quinze anos ininterruptos e sem condenação penal, desde que requeiram a nacionalidade brasileira.

Com efeito, **os brasileiros natos e naturalizados não são alcançados pelas restrições à aquisição de imóveis rurais.**

Acrescente-se a eles o **português equiparado, desde que** atendidos os requisitos do estatuto da igualdade previsto no Tratado de Amizade, Cooperação e Consulta entre a República Federativa do Brasil e a República Portuguesa, incorporado ao ordenamento brasileiro pelo Decreto n° 3.927, de 19.09.2001.

Para que seja conferida a equiparação, **há necessidade de um requerimento por parte do interessado, que deve ser decidido favoravelmente pelo Ministro da Justiça brasileiro. O deferimento constará de Portaria.**

No art. 12, § 1°, da CF/1988 prevê-se que

> § 1° Aos portugueses com residência permanente no País, se houver reciprocidade em favor de brasileiros, serão atribuídos os direitos inerentes ao brasileiro, salvo os casos previstos nesta Constituição.

Além disto, conforme art. 15 do Tratado da Amizade, tem-se:

> O estatuto de igualdade será atribuído mediante decisão do Ministério da Justiça, no Brasil, e do Ministério da Administração Interna, em Portugal, aos brasileiros e portugueses que **o requeiram, desde que civilmente capazes e com residência habitual no país em que ele é requerido.**

Desse modo, o português equiparado ganha *status* **similar ao brasileiro naturalizado, desde que obtenha decisão favorável do governo brasileiro, por meio de Portaria do Ministro da Justiça.**

Quanto à residência no país, o art. 1° da Lei n° 5.709/1971 alude à necessidade de residência no país do estrangeiro. Assim, o estrangeiro residente no exterior não poderá adquirir o imóvel rural no Brasil.

Tem-se expressamente tal orientação no art. 1º da Lei nº 5.709/1971, *caput, verbis*:

> Art. 1º O estrangeiro residente no País e a pessoa jurídica estrangeira autorizada a funcionar no Brasil só poderão adquirir imóvel rural na forma prevista nesta Lei. (...)

Em jurisprudência do STF, da década de 1980 (MS nº 20.544-0/DF – acórdão de outubro de 1986), entendeu-se que o estrangeiro residente no exterior não poderia adquirir imóvel rural no Brasil, mesmo que por sucessão legítima (HAVRENNE, 2012).

Nesse sentido, segue a ementa da referida decisão:

> A sucessão legítima, a que alude o § 2º do art. 1º da Lei nº 5.709/71, só constitui motivo para o levantamento das restrições opostas, na citada lei, à aquisição de imóvel rural, quando se trate de estrangeiro residente no Brasil. À exceção em causa não favorece ao estrangeiro residente no exterior. Mandado de segurança indeferido.

Caso se permitisse que o estrangeiro não residente obtivesse um imóvel rural por sucessão legítima, estar-se-ia burlando o requisito da residência no país. Em outras palavras, seria uma forma de um estrangeiro, sem vínculo com o país, adquirir um imóvel rural.

No âmbito da Administração Pública, foi elaborado parecer da Consultoria Geral da República citado no MS nº 20.544-0/DF, de lavra do Ministro Paulo César Castaldo, com entendimento análogo:

o acesso à propriedade de imóvel rural por estrangeiro não residente no país não é propiciado pela Carta Magna: assim cumpre entender o § 34 antes transcrito, pois, do contrário, o exegeta iria ao absurdo de ver o estrangeiro não residente candidato a proprietário de terra rural como livre das peias legais que, ordena a Constituição, têm de ser impostas aos ádvenas aqui residentes e até aos brasileiros.

Assim, o estrangeiro deve ter residência no país para que possa incorporar ao seu patrimônio um imóvel rural.

O terceiro requisito se vincula **à dimensão da área**.

A fim de expor didaticamente o tema, sugere-se a seguinte divisão: **a) áreas não superiores a 3 (três) MEIs; b) áreas com dimensão entre 3 (três) e 50 (cinquenta) MEIs; c) áreas acima deste limite (HAVRENNE, 2018b).**

Com relação aos imóveis rurais com dimensão de até três MEIS, a aquisição será livre, sem quaisquer impedimentos. Nos termos do art. 3°, § 1°, da Lei n° 5.709/1971:

> Art. 3° A aquisição de imóvel rural por pessoa física estrangeira não poderá exceder a 50 (cinqüenta) módulos de exploração indefinida, em área contínua ou descontínua.
>
> § 1° Quando se tratar de imóvel com área não superior a 3 (três) módulos, a aquisição será livre, independendo de qualquer autorização ou licença, ressalvadas as exigências gerais determinadas em lei. (...)

Caso a área possua entre 3 a 50 MEIs, exige-se prévia autorização do INCRA, em conformidade com o § 2° da Lei n° 5.709/1971:

§ 2º O Poder Executivo baixará normas para a aquisição de área compreendida entre 3 (três) e 50 (cinqüenta) módulos de exploração indefinida.

Para imóveis com dimensão acima de 50 MEIs, em área contínua ou descontínua, não é possível a aquisição, exceto se houver autorização do Congresso Nacional. Tal interpretação decorre do contido nos arts. 3º, § 3º, da Lei nº 5.709/1971, e 23, § 2º, da Lei nº 8.629/1993:

> Art. 3º A aquisição de imóvel rural por pessoa física estrangeira não poderá exceder a 50 (cinqüenta) módulos de exploração indefinida, em área contínua ou descontínua. (...)
>
> § 3º O Presidente da República, ouvido o Conselho de Segurança Nacional, poderá aumentar o limite fixado neste artigo.[6]
>
> ....
>
> Art. 23. (...)
>
> § 2º Compete ao Congresso Nacional autorizar tanto a aquisição ou o arrendamento além dos limites de área e percentual fixados na Lei 5.709, de 7 de outubro de 1971, como a aquisição ou arrendamento, por pessoa jurídica estrangeira, de área superior a cem módulos de exploração indefinida.

De fato, nota-se que a lei impõe menos exigências ao estrangeiro que busque imóveis rurais menores. Trata-se, além de resguardar a soberania nacional, de um incentivo aos pequenos produtores rurais, que dependem, como regra, de auxílio estatal, para que possam se desenvolver economicamente.

[6.] O Conselho de Segurança Nacional foi substituído pelo Conselho de Defesa Nacional.

Nesse diapasão, tem-se que, **independentemente da dimensão do imóvel rural, será necessária a autorização do INCRA, se a aquisição for de mais de um imóvel rural.** Nos termos do art. 7º, § 3º, do Decreto nº 74.965/1974, prevê-se:

> Art. 7º (...)
>
> § 3º Dependerá também de autorização a aquisição de mais de um imóvel, com área não superior a três módulos, feita por uma pessoa física.

Não importa, assim, que a pessoa física estrangeira tenha interesse em dois imóveis rurais, cada um com dimensão inferior a três MEIs. A aquisição do segundo imóvel rural dependerá de autorização do INCRA.

Acrescente-se que os arts. 12 da Lei nº 5.709/1971 e 5º do Decreto nº 74.965/1974 trazem ainda os seguintes requisitos:

> Lei nº 5.709/1971: Art. 12. A soma das áreas rurais pertencentes a pessoas estrangeiras, físicas ou jurídicas, não poderá ultrapassar a um quarto da superfície dos Municípios onde se situem, comprovada por certidão do Registro de Imóveis, com base no livro auxiliar de que trata o art. 10.
>
> § 1º As pessoas da mesma nacionalidade não poderão ser proprietárias, em cada Município, de mais de 40% (quarenta por cento) do limite fixado neste artigo.
>
> § 2º Ficam excluídas das restrições deste artigo as aquisições de áreas rurais:
>
> I – inferiores a 3 (três) módulos;
>
> II – que tiverem sido objeto de compra e venda, de promessa de compra e venda, de cessão ou de promessa de

cessão, mediante escritura pública ou instrumento particular devidamente protocolado no Registro competente, e que tiverem sido cadastradas no INCRA em nome do promitente comprador, antes de 10 de março de 1969;

III – quando o adquirente tiver filho brasileiro ou for casado com pessoa brasileira sob o regime de comunhão de bens.

§ 3º O Presidente da República poderá, mediante decreto, autorizar a aquisição além dos limites fixados neste artigo, quando se tratar de imóvel rural vinculado a projetos julgados prioritários em face dos planos de desenvolvimento do País.

....

Decreto nº 74.965/1974: Art. 5º A soma das áreas rurais pertencentes a pessoas estrangeiras, físicas ou jurídicas, não poderá ultrapassar 1/4 (um quarto) da superfície dos Municípios onde se situem comprovada por certidão do Registro de Imóveis, com base no livro auxiliar de que trata o artigo 15.

§ 1º As pessoas de mesma nacionalidade não poderão ser proprietárias, em cada Município, de mais de 40% (quarenta por cento) do limite fixado neste artigo.

§ 2º Ficam excluídas das restrições deste artigo as aquisições de áreas rurais:

I – inferiores a 3 (três) módulos;

II – que tiveram sido objeto de compra e venda, de promessa de compra e venda, de cessão ou de promessa de cessão, constante de escritura pública ou de documento particular devidamente protocolado na circunscrição imobiliária competente, e cadastrada no INCRA em nome do promitente-comprador, antes de 10 de março de 1969;

III – quando o adquirente tiver filho brasileiro ou for casado com pessoa brasileira sob o regime de comunhão de bens.

§ 3º Será autorizada por Decreto, em cada caso, a aquisição além dos limites fixados neste artigo, quando se tratar de imóvel rural vinculado a projetos julgados prioritários em face dos planos de desenvolvimento do País.

Dessa forma, há mais dois requisitos vinculados à dimensão, quais sejam: a) a soma das áreas pertencentes a pessoas estrangeiras não pode ultrapassar um quarto da superfície do Município onde se situem; b) os estrangeiros de uma mesma nacionalidade não podem ser proprietários de mais de 40% do limite fixado acima (40% x 1/4 = 10% da superfície do Município) (HAVRENNE, 2012).

Essas exigências – a) e b) – devem ser comprovadas por certidão do Registro de Imóveis (HAVRENNE, 2018b).

Ainda, serão dispensadas das condicionantes a) e b), nos termos do art. 12, § 2º, da Lei nº 5.709/1971, as aquisições de áreas rurais:

> a) inferiores a 3 (três) módulos; b) que tiverem sido objeto de compra e venda, de promessa de compra e venda, de cessão ou de promessa de cessão, mediante escritura pública ou instrumento particular devidamente protocolado no Registro competente, e que tiverem sido cadastradas no INCRA em nome do promitente comprador, antes de 10 de março de 1969; c) quando o adquirente tiver filho brasileiro ou for casado com pessoa brasileira sob o regime de comunhão de bens (HAVRENNE, 2012, p. 85-108).

Tal dispensa incide exclusivamente sobre os limites de 25% e 10% mencionados acima, e não sobre outros aspectos, como a autorização do INCRA, nos casos em que necessária (HAVRENNE, 2012).

Ademais, **haverá necessidade de aprovação de projeto de exploração para a aquisição de imóveis rurais com dimensão superior a 20 MEIs para as pessoas físicas estrangeiras.**

Nos termos do art. 7º, § 4º, do Decreto nº 74.965/1974, tem-se:

> Art. 7º A aquisição de imóvel rural por pessoa física estrangeira não poderá exceder a 50 (cinqüenta) módulos de exploração indefinida, em área contínua ou descontínua.
>
> § 1º Quando se tratar de imóvel com área não superior a 3 (três) módulos, a aquisição será livre, independendo de qualquer autorização ou licença, ressalvadas as exigências gerais determinadas em lei.
>
> § 2º A aquisição de imóvel rural entre 3 (três) e 50 (cinqüenta) módulos de exploração indefinida dependerá de autorização do INCRA, ressalvado o disposto no artigo 2º.
>
> § 3º Dependerá também de autorização a aquisição de mais de um imóvel, com área não superior a três módulos, feita por uma pessoa física.
>
> **§ 4º A autorização para aquisição por pessoa física condicionar-se-á, se o imóvel for de área superior a 20 (vinte) módulos, à aprovação do projeto de exploração correspondente.**
>
> § 5º O Presidente da República, ouvido o Conselho de Segurança Nacional, poderá aumentar o limite fixado neste artigo (grifos nossos).

O projeto de exploração é o plano de uso do imóvel rural. O seu objetivo é evitar a aquisição com cunho meramente especulativo da área. Ao revés, o estrangeiro que pretende adquirir um imóvel rural deve observar a função social, nas suas quatro dimensões (produtividade, ambiental, trabalhista e social ou "bem-estar").

Em suma, para a aquisição ou arrendamento de imóveis rurais por estrangeiros, os requisitos consistem em: a) nacionalidade estrangeira; b) residência no Brasil; c) dimensão do imóvel rural dentro dos limites previstos na legislação específica (HAVRENNE, 2018b).

4.3.1.1 *Quadros esquemáticos – Requisitos para as pessoas físicas*

Quadro esquemático do requisito de nacionalidade:

Nacionalidade	Restrições para aquisição de imóveis rurais
Estrangeiro ou português não equiparado	Aplicam-se.
Brasileiro nato ou naturalizado e português equiparado (com emissão de Portaria pelo Ministro da Justiça)	Não se aplicam.

Quadro esquemático do requisito de residência:

Residência	Restrições para aquisição de imóveis rurais
No Brasil	Aplicam-se
No exterior	Não se aplicam (o estrangeiro não poderá adquirir imóveis rurais no Brasil)

Quadro esquemático acerca dos limites relativos à dimensão para a aquisição de imóveis rurais por pessoas físicas estrangeiras:

Dimensão do imóvel rural	Autorização
Área menor que 3 MEIs	Desnecessária a autorização do INCRA (desde que seja para o primeiro imóvel rural)
Área entre 3 e 50 MEIs	Necessária a autorização do INCRA
Área superior a 50 MEIs	Necessária a autorização do Congresso Nacional
Área superior a 20 MEIs e até 50 MEIs	Necessária a autorização do INCRA + projeto de exploração
Imóvel em faixa de fronteira	Requisitos anteriores (CYSNEIROS, 1985) + Necessário o assentimento do Conselho de Defesa Nacional[7]
+ dois requisitos a serem observados: a) a soma das áreas pertencentes a pessoas estrangeiras não pode ultrapassar um quarto da superfície do Município onde se situem; b) os estrangeiros de uma mesma nacionalidade não podem ser proprietários de mais de 40% do limite fixado acima (40% x ¼ = 10% da superfície do Município). Conforme o art. 12, § 2°, da Lei nº 5.709/1971, excluem-se dessas restrições as aquisições de imóveis rurais: "a) inferiores a 3 (três) módulos; b) que tiverem sido objeto de compra e venda, de promessa de compra e venda, de cessão ou de promessa de cessão, mediante escritura pública ou instrumento particular devidamente protocolado no Registro competente, e que tiverem sido cadastradas no INCRA em nome do promitente comprador, antes de 10 de março de 1969; c) quando o adquirente tiver filho brasileiro ou for casado com pessoa brasileira sob o regime de comunhão de bens".	

4.3.2 Pessoas jurídicas

Os pontos mais relevantes envolvendo aquisição de imóveis rurais por estrangeiros envolvem as pessoas jurídicas, já que, como regra, elas têm maior poderio econômico e, consequentemente, interesse em áreas maiores.

De início, tem-se que se aplicam às pessoas jurídicas, no que couber, as exigências indicadas acima para as pessoas físicas, quais sejam: a) nacionalidade; b) residência; c) dimensão da área (HAVRENNE, 2018b).

---

[7] Mesmo para imóveis rurais com dimensão abaixo de 3 MEIs.

As aquisições pelas pessoas jurídicas estrangeiras e pessoas jurídicas brasileiras equiparadas às estrangeiras regulam-se conforme tais requisitos, segundo interpretação conferida atualmente pela Advocacia-Geral da União, no parecer vinculante AGU – LA n° 01/2008-RVJ, de 03.09.2008, publicado em 23.08.2010 (art. 40, § 1°, da LC n° 73/1993).[8]

As principais diferenças dos requisitos para as pessoas jurídicas, em relação às pessoas físicas, consistem no seguinte: a) os limites para a aquisição são de 100 MEIs; b) há necessidade de aprovação de projeto de exploração, qualquer que seja a dimensão do imóvel (HAVRENNE, 2012).

No tocante à dimensão, tendo em vista que se trata de pessoas jurídicas, com alta propensão a investimentos no país, foi previsto um limite maior para a aquisição de áreas, qual seja, de 100 MEIs, segundo dispõe o art. 23 da Lei n° 8.629/1993:

> Art. 23. O estrangeiro residente no País e a pessoa jurídica autorizada a funcionar no Brasil só poderão arrendar imóvel rural na forma da Lei n° 5.709, de 7 de outubro de 1971.
>
> § 1° Aplicam-se ao arrendamento todos os limites, restrições e condições aplicáveis à aquisição de imóveis rurais por estrangeiro, constantes da lei referida no *caput* deste artigo.
>
> § 2° Compete ao Congresso Nacional autorizar tanto a aquisição ou o arrendamento além dos limites de área e

---

[8.] Conforme a LC n° 73/1993:
Art. 40. Os pareceres do Advogado-Geral da União são por este submetidos à aprovação do Presidente da República.
§ 1° O parecer aprovado e publicado juntamente com o despacho presidencial vincula a Administração Federal, cujos órgãos e entidades ficam obrigados a lhe dar fiel cumprimento. (...).

percentual fixados na Lei nº 5.709, de 7 de outubro de 1971, **como a aquisição ou arrendamento, por pessoa jurídica estrangeira, de área superior a 100 (cem) módulos de exploração indefinida** (grifos nossos).

Dessa forma, enquanto os limites para a aquisição ou arrendamento pela pessoa física eram de 50 MEIs, para a pessoa jurídica passam a ser de 100 MEIs. Acima desses limites (100 MEIs – PJ e 50 MEIs – PF), há necessidade de autorização do Congresso Nacional.

Outro ponto de diferença entre as aquisições por pessoas físicas e por pessoas jurídicas é o de que a dispensa de autorização para que as pessoas físicas adquiram imóveis com dimensão inferior a 3 MEIs (art. 3º da Lei nº 5.709/1971) não se estende às pessoas jurídicas. O art. 3º, *caput* e § 1º, da Lei nº 5.709/1971 trata de autorização do INCRA e dimensão do imóvel rural especificamente relacionado à pessoa física (HAVRENNE, 2012).

Por fim, qualquer que seja a área pretendida pela **pessoa jurídica estrangeira ou equiparada, há necessidade de apresentação de projeto de exploração.** Nos termos do art. 5º da Lei nº 5.709/1971, tem-se:

> Art. 5º As pessoas jurídicas estrangeiras referidas no art. 1º desta Lei só poderão adquirir imóveis rurais destinados à implantação de projetos agrícolas, pecuários, industriais, ou de colonização, vinculados aos seus objetivos estatutários.
>
> § 1º Os projetos de que trata este artigo deverão ser aprovados pelo Ministério da Agricultura, ouvido o órgão federal competente de desenvolvimento regional na respectiva área.

§ 2º Sobre os projetos de caráter industrial será ouvido o Ministério da Indústria e Comércio.

De fato, há a necessidade de comprovação de "projetos agrícolas, pecuários, industriais, ou de colonização, vinculados aos seus objetivos estatutários", que deverão ser aprovados pelos órgãos públicos com atribuição para tal.

Essa é uma outra diferença em relação às pessoas físicas estrangeiras, em que havia necessidade de apresentação de projeto de exploração somente para imóveis com dimensão superior a 20 MEIs.

4.3.2.1 Pessoas jurídicas brasileiras controladas por estrangeiros

As questões mais complexas envolvendo a aquisição e o arrendamento de imóveis rurais ocorrem no campo das pessoas jurídicas, em especial as brasileiras com controle estrangeiro.

A discussão principal recai sobre o § 1º do art. 1º da Lei nº 5.709/1971, e sua recepção ou não pela CF/1988.

O referido dispositivo aduz que:

> § 1º Fica, todavia, sujeita ao regime estabelecido por esta Lei a pessoa jurídica brasileira da qual participem, a qualquer título, pessoas estrangeiras físicas ou jurídicas que tenham a maioria do seu capital social e residam ou tenham sede no Exterior.

Feito esse introito, e com o fim de expor didaticamente o tema, serão apresentados os diferentes entendimentos no âmbito da Administração Pública, que formam a base jurídica sobre o tema. Há poucos julgados sobre o assunto, razão pela qual os pareceres da Advocacia-Geral da União (AGU) ganharam relevância neste assunto.

As interpretações dadas pelas esferas governamentais se modificaram com o passar do tempo. Veja-se:

Três foram os pareceres apresentados pela AGU: a) LA nº 04/1994 (anexo ao Parecer GQ nº 22); b) LA nº 01/1997 (anexo ao Parecer GQ nº181); c) LA nº 01/2010 (HAVRENNE, 2012).

O primeiro deles, parecer LA nº 04/1994, apontou incompatibilidade material entre o art. 1º, § 1º, da Lei nº 5.709/1971 e os arts. 171 (então vigente)[9] e 190 da CF/1988. Assim, referido dispositivo legal não foi recepcionado pela CF/1988.

[9.] O dispositivo revogado pela EC nº 6, de 1995, dispunha da seguinte forma:
Art. 171. São consideradas: (Revogado pela Emenda Constitucional nº 6, de 1995.)
I - empresa brasileira a constituída sob as leis brasileiras e que tenha sua sede e administração no País;
II - empresa brasileira de capital nacional, aquela cujo controle efetivo esteja em caráter permanente sob a titularidade direta ou indireta de pessoas físicas domiciliadas e residentes no País ou de entidades de direito público interno, entendendo-se por controle efetivo da empresa a titularidade da maioria de seu capital votante e o exercício, de fato e de direito, do poder decisório para gerir suas atividades. (Revogado pela Emenda Constitucional nº 6, de 1995.)
§ 1º A lei poderá, em relação à empresa brasileira de capital nacional:
I - conceder proteção e benefícios especiais temporários para desenvolver atividades consideradas estratégicas para a defesa nacional ou imprescindíveis ao desenvolvimento do País;
II - estabelecer, sempre que considerar um setor imprescindível ao desenvolvimento tecnológico nacional, entre outras condições e requisitos:
a) a exigência de que o controle referido no inciso II do "caput" se estenda às atividades tecnológicas da empresa, assim entendido o exercício, de fato e de direito, do poder decisório para desenvolver ou absorver tecnologia; b) percentuais de participação, no capital, de pessoas físicas domiciliadas e residentes no País ou entidades de direito público interno.
§ 2º Na aquisição de bens e serviços, o Poder Público dará tratamento preferencial, nos termos da lei, à empresa brasileira de capital nacional. (Revogado pela Emenda Constitucional nº 6, de 1995.)
....
Art. 190. A lei regulará e limitará a aquisição ou o arrendamento de propriedade rural por pessoa física ou jurídica estrangeira e estabelecerá os casos que dependerão de autorização do Congresso Nacional.

Referida incompatibilidade adviria da impossibilidade de se estabelecer restrições à empresa brasileira, mesmo que controlada por estrangeiros.

A interpretação foi no sentido da impossibilidade de restringir direitos da empresa brasileira, ainda que controladas por estrangeiros, por dispositivo infraconstitucional, qual seja, o art. 1º, § 1º, da Lei nº 5.709/1971.

Esse primeiro parecer não foi publicado, razão pela qual não gerou efeitos vinculantes para a Administração Pública Federal, conforme o art. 40 da LC nº 73/1993.

No entanto, ele foi a base de análise do **segundo parecer, LA nº 01/1997**, este, sim, publicado no *Diário Oficial da União* em 22.01.1999, e com efeitos vinculantes (HAVRENNE, 2018b).

O parecer LA nº 01/1997, à luz da revogação do art. 171 da CF/1988, pela EC nº 6/1995, reexaminou o parecer LA nº 04/1994. Aduziu, em suma, que permaneciam inalteradas as conclusões do parecer LA nº 04/1994. No entanto, com a revogação do art. 171 da CF/1988, **a legislação ordinária poderia, em certos casos, restringir a aplicação do capital estrangeiro no Brasil.**

Na prática, com esses dois primeiros pareceres, a regra era a livre-aquisição e arrendamento de imóveis rurais por empresas constituídas no país, ainda que controladas por estrangeiros.

Por fim, houve alteração substancial na interpretação dada ao tema, com a publicação do terceiro parecer, LA nº 01/2010. Este revogou os pareceres anteriores (LA nº 04/1994 e LA nº 01/1997).

A nova interpretação foi a de que é possível impor restrições à aquisição de imóvel rural por pessoas jurídicas brasileiras das quais participem, a qualquer título, pessoas físicas ou jurídicas estrangeiras que tenham a maioria do seu capital social e residam ou tenham sede no exterior (HAVRENNE, 2012).

Tal interpretação só é válida para as aquisições que ocorressem posteriormente à sua publicação. Os casos antes consolidados permaneciam como se encontravam, não podendo haver aplicação retroativa, nos termos do art. 2°, parágrafo único, XIII, da Lei n° 9.784/1999.[10]

Evidentemente, houve alguns problemas em âmbito administrativo, como os casos de escrituras não registradas ou de negócios que se iniciaram antes da nova interpretação e se encerraram após ela. No direito brasileiro, a transferência do imóvel se dá, como regra, com o registro, nos termos do art. 1.245, § 1°, do Código Civil. Assim, quem pretendeu registrar o imóvel após a nova interpretação deve obedecer aos seus requisitos.

De forma resumida, no parecer LA n° 01/2010, foram apontados quatro tipos de pessoas jurídicas:

a) pessoas jurídicas brasileiras, com brasileiros detendo a maioria do capital social;

b) pessoas jurídicas brasileiras com a maioria de seu capital social detida por estrangeiros, pessoas físicas ou jurídicas, residentes ou com sede no Brasil;

[10.] Lei n° 9.784/1999:
"Art. 2° A Administração Pública obedecerá, dentre outros, aos princípios da legalidade, finalidade, motivação, razoabilidade, proporcionalidade, moralidade, ampla defesa, contraditório, segurança jurídica, interesse público e eficiência.
Parágrafo único. Nos processos administrativos serão observados, entre outros, os critérios de:
(...)
XIII – interpretação da norma administrativa da forma que melhor garanta o atendimento do fim público a que se dirige, vedada aplicação retroativa de nova interpretação."

c) pessoas jurídicas brasileiras com a maioria do capital social detida por estrangeiros, pessoas físicas, residentes no exterior, ou jurídicas, com sede no exterior; e

d) pessoas jurídicas estrangeiras autorizadas a funcionar no Brasil.[11]

Com base no conceito de acionista-controlador (art. 116 da Lei de Sociedades Anônimas – LSA – Lei nº 6.404/1976),[12] chegou-se à conclusão de que deveriam ser impostas restrições às aquisições de imóveis rurais, com base nas Leis nºs 5.709/1971 e 8.629/1993, às pessoas jurídicas acima indicadas nos itens c) e d).

Assim, as pessoas jurídicas brasileiras equiparadas a estrangeiras e as pessoas jurídicas estrangeiras autorizadas a funcionar no Brasil, que são as dos itens c) e d), atualmente, precisam obedecer a requisitos especiais, a fim de que possam adquirir imóveis rurais no Brasil.

Interessante consignar que recentemente houve um julgado do STJ, que indicou a necessidade de a pessoa jurídica brasileira com controle de estrangeiros obedecer a certas condições para a aquisição de imóveis rurais. No caso em comento, a pessoa jurídica brasileira com controle estrangeiro pretendia usucapir imóvel rural. Veja-se:

---

[11]. Cf. Parecer LA nº 01/2010.

[12]. Lei nº 6.404/1976: Art. 116. Entende-se por acionista controlador a pessoa, natural ou jurídica, ou o grupo de pessoas vinculadas por acordo de voto, ou sob controle comum, que:
a) é titular de direitos de sócio que lhe assegurem, de modo permanente, a maioria dos votos nas deliberações da assembléia-geral e o poder de eleger a maioria dos administradores da companhia; e
b) usa efetivamente seu poder para dirigir as atividades sociais e orientar o funcionamento dos órgãos da companhia.
Parágrafo único. O acionista controlador deve usar o poder com o fim de fazer a companhia realizar o seu objeto e cumprir sua função social, e tem deveres e responsabilidades para com os demais acionistas da empresa, os que nela trabalham e para com a comunidade em que atua, cujos direitos e interesses deve lealmente respeitar e atender.

RECURSO ESPECIAL. USUCAPIÃO. ESTRANGEIROS. PESSOA JURÍDICA BRASILEIRA. CONTROLE ESTRANGEIRO. EQUIPARAÇÃO. REQUISITOS ESPECIAIS. POSSIBILIDADE JURÍDICA DO PEDIDO.

1. Ação ajuizada em 01.10.2004. Recurso especial interposto em 26.08.2013 e atribuído a este Gabinete em 25.08.2016.

2. O propósito recurso consiste em determinar se, à luz dos arts. 1º, § 1º, 8º da Lei nº 5.709/1971, **é juridicamente possível a usucapião por pessoa jurídica brasileira, cujo capital social seja majoritariamente controlado por estrangeiros.**

3. A legislação impõe uma série de condições para a aquisição de terras rurais por estrangeiros, pessoas naturais ou jurídicas, **pois nesta questão está envolvida a defesa do território e da soberania nacional, elementos imprescindíveis à existência do Estado brasileiro.**

4. Por força do art. 1º, § 1º, c/c art. 8º da Lei nº 5.709/1971, a pessoa jurídica brasileira também incidirá nas mesmas restrições impostas à estrangeira, caso participem, a qualquer título, pessoas estrangeiras físicas ou jurídicas que tenham a maioria do seu capital social e residam ou tenham sede no exterior.

5. As mesmas limitações existentes na aquisição de terras rurais existentes para as pessoas estrangeiras – sejam naturais, jurídicas ou equiparadas – devem ser observadas na usucapião desses imóveis.

6. Recurso especial provido para afastar a impossibilidade jurídica do pedido (REsp nº 1.641.038/CE, Rel. Ministra Nancy Andrighi, Terceira Turma, julgado em 06.11.2018, *DJe* 12.11.2018).

Com efeito, referida decisão do STJ seguiu o entendimento hoje prevalente no âmbito da Administração Pública, contido no parecer LA nº 01/2010.

Diga-se, por fim, que esse tema está em franca ebulição, com a existência de alguns projetos de lei (ex.: Projetos de Lei nºs 2.963/2019 e 5.637/2019), que objetivam alterar a interpretação hoje vigente no âmbito da Administração Pública.

4.3.2.2 Quadros esquemáticos – Requisitos para as pessoas jurídicas

Quadro esquemático do requisito de nacionalidade:

Nacionalidade	Restrições para aquisição de imóveis rurais
Pessoa jurídica estrangeira ou brasileira equiparada	Aplicam-se
Pessoa jurídica brasileira	Não se aplicam

Quadro esquemático do requisito de sede:

Sede	Restrições para aquisição de imóveis rurais
Pessoa jurídica estrangeira (sede no exterior) ou brasileira equiparada (sede no exterior)	Aplicam-se
Pessoa jurídica brasileira (sede no Brasil e sócios/acionistas residentes no Brasil)	Não se aplicam

Quadro esquemático acerca dos limites relativos à dimensão para a aquisição de imóveis rurais por pessoas jurídicas estrangeiras:

Dimensão do imóvel rural	Autorização
Área entre 0 MEI e 100 MEIs[13]	Necessária a autorização do INCRA + projeto de exploração
Área superior a 100 MEIs	Necessária a autorização do Congresso Nacional
Imóvel em faixa de fronteira	Requisitos anteriores (CYSNEIROS, 1985) + necessário o assentimento do Conselho de Defesa Nacional[14]

4.4 Alguns temas relevantes sobre a aquisição de imóveis rurais por estrangeiros

De início, como alternativa às aquisições ou arrendamentos de imóveis rurais por estrangeiros, há frequentemente casos envolvendo outras modalidades de direitos reais, como o direito de uso, habitação, usufruto, servidão etc.

No campo da hermenêutica jurídica, como regra geral, não se deve utilizar uma interpretação ampliativa para as limitações de direitos. **Desta forma, o entendimento mais correto é o de que as restrições impostas ao direito de propriedade dos estrangeiros não devem alcançar outras modalidades de direitos (como o uso, usufruto, habitação etc.) (HAVRENNE, 2012).**

Quanto à **alienação fiduciária em garantia**, houve alteração substancial do conteúdo do art. 1.367 do CC, pela Lei nº 13.043/2014, asseverando-se que a propriedade fiduciária não se equipara, para quaisquer efeitos, à propriedade plena de que trata o art. 1.231 do CC. Assim, quando da sua constitui-

---

[13] Mesmo para as áreas inferiores a 3 MEIS, em que há a dispensa de autorização do INCRA (para as pessoas físicas), requer-se a mencionada autorização das pessoas jurídicas.

[14] Mesmo para imóveis rurais com dimensão abaixo de 3 MEIs.

ção, ela deve ser tratada como direito real diverso da propriedade. Nos termos de recente alteração promovida no § 2º do art. 1º da Lei nº 5.709/1971, por meio da Lei nº 13.986/2020, as restrições à aquisição de imóveis rurais por estrangeiros não se aplicam "às hipóteses de constituição de garantia real, inclusive a transmissão da propriedade fiduciária em favor de pessoa jurídica, nacional ou estrangeira" (inciso II).

Outro tema relevante diz respeito às **nulidades**.

O art. 15 da Lei nº 5.709/1971 assevera que **são nulas de pleno direito as aquisições que violem as suas prescrições.** Veja-se:

> Art. 15. A aquisição de imóvel rural, que viole as prescrições desta Lei, **é nula de pleno direito**. O tabelião que lavrar a escritura e o oficial de registro que a transcrever responderão civilmente pelos danos que causarem aos contratantes, sem prejuízo da responsabilidade criminal por prevaricação ou falsidade ideológica. O alienante está obrigado a restituir ao adquirente o preço do imóvel.

De fato, a redação do artigo deixa claro que a **nulidade é absoluta,** já que há uma violação de forma, considerada **insanável**.

No mesmo diapasão, deve-se comunicar o Corregedor-Geral do Tribunal de Justiça do Estado[15] para que providencie o

---

[15.] Lei nº 6.739/1979: Art. 1º A requerimento de pessoa jurídica de direito público ao Corregedor-Geral da Justiça, são declarados inexistentes e cancelados a matrícula e o registro de imóvel rural vinculado a título nulo de pleno direito, ou feitos em desacordo com o art. 221 e seguintes da Lei nº 6.015, de 31 de dezembro de 1973, alterada pela Lei nº 6.216, de 30 de junho de 1975.
Lei nº 6.015/1973 (Lei dos Registros Públicos – LRP: Art. 250. Far-se-á o cancelamento: (Incluído pela Lei nº 6.216, de 1975.)

cancelamento do registro irregular, bem como apure eventuais responsabilidades (HAVRENNE, 2018b).

I – em cumprimento de decisão judicial transitada em julgado; (Incluído pela Lei nº 6.216, de 1975.)
II – a requerimento unânime das partes que tenham participado do ato registrado, se capazes, com as firmas reconhecidas por tabelião; (Incluído pela Lei nº 6.216, de 1975.)
III – a requerimento do interessado, instruído com documento hábil; (Incluído pela Lei nº 6.216, de 1975.)
IV – a requerimento da Fazenda Pública, instruído com certidão de conclusão de processo administrativo que declarou, na forma da lei, a rescisão do título de domínio ou de concessão de direito real de uso de imóvel rural, expedido para fins de regularização fundiária, e a reversão do imóvel ao patrimônio público. (Incluído pela Lei nº 11.952, de 2009.)

5

Mecanismos de promoção de reforma agrária

5.1 Introdução

Há diversos mecanismos disponíveis para a implementação da reforma agrária. **Destaca-se, em termos de importância, a desapropriação por interesse social para fins de reforma agrária, também conhecida como desapropriação-sanção.**

No entanto, ela não é a única forma de promoção da reforma agrária. O art. 17 do Estatuto da Terra alude à:

a) doação;
b) compra e venda;
c) arrecadação dos bens vagos;
d) reversão à posse do Poder Público de terras de sua propriedade, indevidamente ocupadas e exploradas, a qualquer título por terceiros; e
e) herança ou legado.

Registre-se que a desapropriação-sanção é o mecanismo mais utilizado para a execução da reforma agrária, podendo a União realizar a intervenção forçada no imóvel rural que não esteja cumprindo a função social (art. 184 da CF/1988).

Por outro lado, nem sempre será possível ao Estado valer-se da desapropriação para fins de reforma agrária. Por exemplo: nos casos de imóveis rurais que cumpram a função social.

Nesse último caso, o Estado pode dispor de outros meios para obter o imóvel rural, como a compra e venda ou outras modalidades de desapropriação.

Além disso, a redistribuição de terras pode se dar por outras formas, como a usucapião rural, prevista no art. 191 da CF/1988.

Enfim, neste tópico serão apresentados os principais mecanismos de implementação para a reforma agrária, dando-se destaque à desapropriação-sanção.

5.2 Desapropriação por interesse social para fins de reforma agrária

5.2.1 Previsão constitucional e legal

A CF/1988 dispõe sobre a desapropriação por interesse social para fins de reforma agrária nos arts. 184 e 185, conforme segue:

> Art. 184. Compete à União **desapropriar por interesse social, para fins de reforma agrária**, o imóvel rural que **não esteja cumprindo sua função social**, mediante prévia e justa indenização em títulos da dívida agrária,

com cláusula de preservação do valor real, resgatáveis no prazo de até vinte anos, a partir do segundo ano de sua emissão, e cuja utilização será definida em lei.

§ 1º **As benfeitorias úteis e necessárias serão indenizadas em dinheiro.**

§ 2º O decreto que declarar o imóvel como de interesse social, para fins de reforma agrária, autoriza a União a propor a ação de desapropriação.

§ 3º **Cabe à lei complementar estabelecer procedimento contraditório especial, de rito sumário, para o processo judicial de desapropriação.**

§ 4º O orçamento fixará anualmente o volume total de títulos da dívida agrária, assim como o montante de recursos para atender ao programa de reforma agrária no exercício.

§ 5º **São isentas de impostos federais, estaduais e municipais as operações de transferência de imóveis desapropriados para fins de reforma agrária.**

....

Art. 185. **São insuscetíveis de desapropriação para fins de reforma agrária:**

I – a pequena e média propriedade rural, assim definida em lei, desde que seu proprietário não possua outra;

II – a propriedade produtiva.

Parágrafo único. A lei garantirá tratamento especial à propriedade produtiva e fixará normas para o cumprimento dos requisitos relativos a sua função social (grifos nossos).

Verifica-se, também, que **a desapropriação por interesse social para fins de reforma agrária situa-se no capítulo "Da

Política Agrícola e Fundiária e da Reforma Agrária", sendo um instrumento de promoção da reforma agrária.

Além da previsão constitucional, a desapropriação-sanção está contemplada na Lei nº 8.629/1993, que a regulamenta, bem como na Lei Complementar (LC) nº 76/1993, que dispõe sobre o procedimento contraditório especial, de rito sumário, para a desapropriação-sanção.

5.2.2 Conceito e características da desapropriação-sanção

Trata-se de modalidade voltada **exclusivamente para a reforma agrária**, conforme a CF/1988.

De início, diga-se que a desapropriação para fins de reforma agrária, como as outras modalidades de desapropriação, consiste num ato de intervenção forçada do Estado na propriedade.

Também, a desapropriação é um **modo originário de aquisição da propriedade imóvel,** já que não há qualquer vínculo com o antigo dono.

Nesse sentido, a Constituição Federal aduz que **"são isentas de impostos federais, estaduais e municipais as operações de transferência de imóveis desapropriados para fins de reforma agrária".** Melhor teria feito se tivesse usado o conceito de imunidade ("são imunes de impostos federais..."), uma vez que se trata de norma de não incidência tributária, de cunho constitucional.

Ademais, o ente que possui **competência exclusiva para a desapropriação por interesse social para fins de reforma agrária é a União,** não podendo os Estados e os Municípios promoverem referida desapropriação.

Por sua vez, a execução da desapropriação para fins de reforma agrária será feita pelo INCRA, autarquia federal agrária, nos termos do art. 2°, § 1°, da LC n° 76/1993 (HAVRENNE, 2014).

Dessa forma, quem expede o decreto de desapropriação para fins de reforma agrária é o Presidente da República, sendo que o ente que promove a ação de desapropriação para fins de reforma agrária é o INCRA (HAVRENNE, 2014).

A desapropriação para fins de reforma agrária recai sobre um perfil específico de imóveis rurais, quais sejam, aqueles que não cumprem a função social. Como já visto, basta o descumprimento de uma das dimensões da função social para que esta modalidade de desapropriação seja viável.

Relembre-se também que, quando a CF/1988 dispõe que são insuscetíveis de desapropriação para fins de reforma agrária os imóveis rurais produtivos, se deve fazer uma interpretação conjunta dos dispositivos constitucionais, sendo que não basta o atendimento exclusivo da exploração racional e adequada, sob o ponto de vista econômico, para que o imóvel rural não sofra a desapropriação-sanção.

Noutros termos, para que o imóvel rural esteja imune a essa modalidade de desapropriação, ele deve cumprir a função social, com as suas dimensões produtividade, ambiental, trabalhista e do "bem-estar".

Além da impossibilidade de desapropriação para fins de reforma agrária dos imóveis rurais que cumprem a função social, há inviabilidade de uso desta modalidade de desapropriação para os imóveis rurais objeto de esbulho possessório ou invasão motivada por conflito agrário ou fundiário de caráter coletivo. Nesse sentido, aponta o art. 2°, § 6°, da Lei n° 8.629/1993:

Art. 2º A propriedade rural que não cumprir a função social prevista no art. 9º é passível de desapropriação, nos termos desta lei, respeitados os dispositivos constitucionais. (...)

§ 6º **O imóvel rural de domínio público ou particular objeto de esbulho possessório ou invasão motivada por conflito agrário ou fundiário de caráter coletivo não será vistoriado, avaliado ou desapropriado nos dois anos seguintes à sua desocupação, ou no dobro desse prazo, em caso de reincidência; e deverá ser apurada a responsabilidade civil e administrativa de quem concorra com qualquer ato omissivo ou comissivo que propicie o descumprimento dessas vedações** (Incluído pela Medida Provisória nº 2.183-56, de 2001) (grifos nossos).

A jurisprudência do STF entende que não é qualquer ocupação que gera a impossibilidade de desapropriação-sanção. **Deve haver um nexo de causalidade entre a invasão e a produtividade do imóvel.** Veja-se:

CONSTITUCIONAL. DESAPROPRIAÇÃO. REFORMA AGRÁRIA. ENTREGA DE NOTIFICAÇÃO ACERCA DO INÍCIO DA VISTORIA DE IMÓVEL RURAL A REPRESENTANTES DA IMPETRANTE SEM PODERES PARA RECEBÊ-LA. INOBSERVÂNCIA DO PRAZO MÍNIMO DE TRÊS DIAS PARA INÍCIO DOS TRABALHOS. FATO NOVO. ESBULHO OU INVASÃO. PROIBIÇÃO DA EXECUÇÃO DE VISTORIA OU CONTINUIDADE DO PROCESSO DE DESAPROPRIAÇÃO. (...) 3. **Alegado fato novo, impeditivo do prosseguimento do processo de desapropriação, consistente na invasão do imóvel rural. Improcedência. Somente obsta o processo de desapropriação ou a realização de vistoria,** o esbulho ou a turbação capazes de influir no quadro fático que serve de substrato ao Relatório Agronômico de Fiscalização. No caso em exame, devido ao tempo decorrido entre a vistoria (2000) e o alegado esbulho (2004), não se caracteriza o nexo de implicação necessário. Mandado de segurança denegado (MS n° 24.178, Rel. Joaquim Barbosa, Tribunal Pleno, julgado em 01.10.2009, DJe 13.11.2009 – grifos nossos).

Assim, somente a invasão que influencie na produtividade do imóvel, com relevância apta a modificar o quadro fático exposto no Relatório Agronômico de Fiscalização é que justifica a impossibilidade de desapropriação-sanção.

Ainda, a jurisprudência do STF entende que a dimensão da área ocupada não é o fator primordial a ser analisado, e sim o seu impacto na produtividade. Desta forma, mesmo que as áreas invadidas sejam de pequena dimensão, caso influam na produtividade, impedirão a desapropriação.[1]

De fato, somente terá o efeito de impedir a desapropriação a ocupação que repercuta na produtividade do imóvel rural.

Um último ponto sobre esse assunto refere-se às ocupações posteriores à vistoria ou avaliação do INCRA. Nesse caso, não há que se falar em impossibilidade da desapropriação-sanção, conforme jurisprudência do STF.[2]

Dessa forma, invasões posteriores à vistoria do INCRA não impedem a desapropriação-sanção.

---

[1] MS n° 24.764, Rel. Sepúlveda Pertence, Rel. p/ Acórdão: Gilmar Mendes, Tribunal Pleno, julgado em 06.10.2005.
[2] MS n° 25.360, Rel.: Eros Grau, Tribunal Pleno, julgado em 27.10.2005.

O pagamento da prévia e justa indenização será em títulos da dívida agrária ("TDAs"), com cláusula de preservação do valor real, resgatáveis no prazo de até 20 anos, a partir do segundo ano de sua emissão, e cuja utilização será definida em lei (art. 184 da CF/1988).

A Lei n° 8.629/1993 define o prazo de resgate dos TDAs de acordo com o tamanho do imóvel rural, medido em módulos fiscais. Veja-se:

> Art. 5° A desapropriação por interesse social, aplicável ao imóvel rural que não cumpra sua função social, importa prévia e justa indenização em títulos da dívida agrária.
>
> § 1° As benfeitorias úteis e necessárias serão indenizadas em dinheiro.
>
> § 2° O decreto que declarar o imóvel como de interesse social, para fins de reforma agrária, autoriza a União a propor ação de desapropriação.
>
> **§ 3° Os títulos da dívida agrária, que conterão cláusula assecuratória de preservação de seu valor real, serão resgatáveis a partir do segundo ano de sua emissão, em percentual proporcional ao prazo, observados os seguintes critérios:**
>
> I – do segundo ao décimo quinto ano, quando emitidos para indenização de imóvel com área de até setenta módulos fiscais; (Redação dada pela Medida Provisória n° 2.183-56, de 2001.)
>
> II – do segundo ao décimo oitavo ano, quando emitidos para indenização de imóvel com área acima de setenta e até cento e cinqüenta módulos fiscais; e (Redação dada pela Medida Provisória n° 2.183-56, de 2001.)
>
> III – do segundo ao vigésimo ano, quando emitidos para indenização de imóvel com área superior a cento e cin-

qüenta módulos fiscais. (Redação dada pela Medida Provisória nº 2.183-56, de 2001) (...).

Dessa maneira, quanto maior o imóvel rural maior o prazo para o resgate dos TDAs.

De mais a mais, **a remuneração dos TDAs, que deve possuir cláusula de preservação do valor real, se dá pelo pagamento de juros.** Haverá também variação da sua porcentagem, a depender do tamanho do imóvel, conforme art. 5º da Lei nº 8.177/1991:

> Art. 5º A partir de 1º de março de 1991, o valor nominal das Obrigações do Tesouro Nacional (OTN), emitidas anteriormente a 15 de janeiro de 1989 (art. 6º do Decreto-lei nº 2.284, de 10 de março de 1986), dos Bônus do Tesouro Nacional (BTN), emitidos até a data de vigência da medida provisória que deu origem a esta lei, das Letras do Tesouro Nacional, de Série Especial (§ 1º do art. 11 do Decreto-lei nº 2.376, de 25 de novembro de 1987), e dos Títulos da Dívida Agrária (TDA), será atualizado, no primeiro dia de cada mês, por índice calculado com base na TR referente ao mês anterior. (...)
>
> § 3º A partir de 5 de maio de 2000, os Títulos da Dívida Agrária – TDA emitidos para desapropriação terão as seguintes remunerações: (Redação dada pela Medida Provisória nº 2.183/1956, de 2001.)
>
> I – três por cento ao ano para indenização de imóvel com área de até setenta módulos fiscais; (Incluído pela Medida Provisória nº 2.183/1956, de 2001.)
>
> II – dois por cento ao ano para indenização de imóvel com área acima de setenta e até cento e cinqüenta módulos fiscais; e (Incluído pela Medida Provisória nº 2.183/1956, de 2001.)

III – um por cento ao ano para indenização de imóvel com área acima de cento e cinqüenta módulos fiscais. (Incluído pela Medida Provisória nº 2.183/1956, de 2001) (...).

Logo, quanto maior o imóvel rural menor a remuneração dos juros incidentes aos TDAs.[3]

Diga-se, ainda, que **os TDAs possuem natureza jurídica de títulos de crédito**, ou seja, consistem em um documento que garante ao seu possuidor o direito ao crédito, na forma nele prevista.

O pagamento das benfeitorias, por sua vez, não segue a lógica dos TDAs. Nos termos do art. 184 da CF/1988, tem-se: **"§ 1º As benfeitorias úteis e necessárias serão indenizadas em dinheiro"** (grifos nossos).

Nesse diapasão, pode-se extrair o conceito de benfeitorias do CC:

> Art. 96. As benfeitorias podem ser voluptuárias, úteis ou necessárias.
>
> § 1º São voluptuárias as de mero deleite ou recreio, que não aumentam o uso habitual do bem, ainda que o tornem mais agradável ou sejam de elevado valor.
>
> § 2º São úteis as que aumentam ou facilitam o uso do bem.
>
> § 3º São necessárias as que têm por fim conservar o bem ou evitar que se deteriore.

Pois bem. **As benfeitorias úteis e necessárias são indenizadas, no momento inicial da desapropriação, em dinheiro,**

[3.] Esta modalidade de juros, que remunera os TDAs, não se confunde com os juros compensatórios e moratórios do processo de desapropriação.

enquanto as voluptuárias não são indenizadas. Havendo alguma diferença a ser paga em relação às benfeitorias, no final do processo judicial, elas devem ser indenizadas conforme a lógica dos precatórios ou requisição de pequeno valor, nos termos do art. 100 da CF.

No que tange a eventuais diferenças a serem pagas, para a terra nua, no final do processo de desapropriação, houve mudança relevante na forma de pagamento.

Antes da alteração promovida no § 8° do art. 5° da Lei n° 8.629/1993, o INCRA expedia TDAs complementares, os quais deveriam respeitar o prazo máximo de resgate de 20 (vinte) anos.

Hoje, com a alteração promovida no aludido parágrafo, **a diferença será paga na forma do art. 100 da CF/1988, ou seja, no regime de precatórios ou requisição de pequeno valor.** Veja-se:

> § 8° Na hipótese de decisão judicial transitada em julgado fixar a indenização da terra nua ou das benfeitorias indenizáveis em valor superior ao ofertado pelo expropriante, corrigido monetariamente, a diferença será paga na forma do art. 100 da Constituição Federal. (Incluído pela n° Lei n° 13.465, de 2017.)

Por fim, **é relevante dizer que a desapropriação por interesse social para fins de reforma agrária também é conhecida como desapropriação-sanção, em razão de que recai sobre imóveis que não cumprem a função social.** Como pena para o descumprimento da função social, a sua indenização, para a terra-nua, não ocorre em dinheiro, mas, sim, em títulos da dívida agrária, com prazo de resgate de até 20 anos, o que é uma forma de sanção.

5.2.3 Valores componentes da indenização

Um dos pontos mais importantes na análise desse tipo de desapropriação está no cálculo da **indenização**.

A CF/1988 aduz, no seu art. 184, que ela **deverá ser justa e prévia**.

Conforme regulamentação contida na Lei n° 8.629/1993, tem-se que a **justa indenização deve refletir o preço atual de mercado do imóvel em sua totalidade, nos termos do art. 12 da Lei n° 8.629/1993:**

> Art. 12. Considera-se **justa a indenização que reflita o preço atual de mercado do imóvel em sua totalidade, aí incluídas as terras e acessões naturais, matas e florestas e as benfeitorias indenizáveis, observados os seguintes aspectos:** (Redação pela Medida Provisória n° 2.183/1956, de 2001.)
>
> I – localização do imóvel; (Incluído pela Medida Provisória n° 2.183/1956, de 2001.)
>
> II – aptidão agrícola; (Incluído pela Medida Provisória n° 2.183/1956, de 2001.)
>
> III – dimensão do imóvel; (Incluído pela Medida Provisória n° 2.183/1956, de 2001.)
>
> IV – área ocupada e ancianidade das posses; (Incluído pela Medida Provisória n° 2.183/1956, de 2001.)
>
> V – funcionalidade, tempo de uso e estado de conservação das benfeitorias. (Incluído pela Medida Provisória n° 2.183/1956, de 2001.)
>
> § 1° Verificado o preço atual de mercado da totalidade do imóvel, proceder-se-á à dedução do valor das benfeitorias indenizáveis a serem pagas em dinheiro, obtendo-se o

preço da terra a ser indenizado em TDA. (Redação dada Medida Provisória n° 2.183/1956, de 2001.)

§ 2° Integram o preço da terra as florestas naturais, matas nativas e qualquer outro tipo de vegetação natural, não podendo o preço apurado superar, em qualquer hipótese, o preço de mercado do imóvel. (Redação dada Medida Provisória n° 2.183/1956, de 2001.)

§ 3° O Laudo de Avaliação será subscrito por Engenheiro Agrônomo com registro de Anotação de Responsabilidade Técnica – ART, respondendo o subscritor, civil, penal e administrativamente, pela superavaliação comprovada ou fraude na identificação das informações. (Incluído pela Medida Provisória n° 2.183/1956, de 2001.)

A CF/1988 garante o direito de propriedade, razão pela qual dispõe sobre a necessidade de justa indenização, ainda que se trate de desapropriação-sanção.

Algumas controvérsias recaem sobre o valor da indenização, em certos componentes dos imóveis rurais, **como a cobertura florística**. Veja-se jurisprudência recente do STJ sobre o tema:

> PROCESSUAL CIVIL. AGRAVO INTERNO NOS EMBARGOS DE DECLARAÇÃO NO RECURSO ESPECIAL. CÓDIGO DE PROCESSO CIVIL DE 2015. APLICABILIDADE. DIREITO ADMINISTRATIVO. **AÇÃO DE DESAPROPRIAÇÃO. COBERTURA FLORÍSTICA. CÁLCULO EM SEPARADO. IMPOSSIBILIDADE. AUSÊNCIA DE EXPLORAÇÃO ECONÔMICA.** ARGUMENTOS INSUFICIENTES PARA DESCONSTITUIR A DECISÃO ATACADA. APLICAÇÃO DE MULTA. ART. 1.021, § 4°, DO CÓDIGO DE PROCESSO CIVIL DE 2015. DESCABIMENTO. (...)

> II – A jurisprudência da Primeira Seção é pacífica no sentido de que o cálculo indenizatório da cobertura florística em separado somente é possível quando há prévia e lícita exploração da vegetação. Após a MP nº 1.577/1997 é vedado, em qualquer hipótese, o cálculo em separado da cobertura florística, nos termos do art. 12 da Lei nº 8.629/1993 (...) (AgInt nos EDcl no REsp nº 1.271.075/PR, Rel. Ministra Regina Helena Costa, Primeira Turma, julgado em 23.09.2019, DJe 26.09.2019.)

De fato, o art. 12, § 2º, da Lei nº 8.629/1993 aduz que "integram o preço da terra as florestas naturais, matas nativas e qualquer outro tipo de vegetação natural". Logo, conforme jurisprudência acima, não há sentido em se calcular o preço da cobertura florística em separado. A indenização deve integrar o valor da terra-nua.

Tais discussões geram diferenças expressivas no cálculo da prévia e justa indenização (CARVALHO, 2018).

Não obstante, nunca se deve esquecer que a desapropriação-sanção é uma penalidade, já que o imóvel rural não cumpre a função social. Assim, não deveria ser possível o pagamento de valores acima do que determina o ordenamento jurídico, sob pena de o Estado ser lesado duas vezes, isto é, um imóvel que não cumpre a função social e que é indenizado por um preço muito acima do justo.

No tocante aos **juros compensatórios**, estes se destinam a ressarcir o proprietário pela perda da posse do bem. Assim, **os juros compensatórios incidem desde a data da imissão na posse** (Súmula nº 164 do STF: "No processo de desapropriação, são devidos juros compensatórios desde a antecipada imissão na posse, ordenada pelo juiz, por motivo de urgência"; Súmula nº 113 do STJ: "Os juros compensatórios, na desapropriação direta, incidem a partir da imissão na posse, calculados sobre o valor da indenização, corrigido monetariamente").

Com relação ao seu percentual, houve sucessivas modificações.

Em 31.10.1984, foi publicada a Súmula nº 618 do STF, que dispunha: "Na desapropriação, direta ou indireta, a taxa dos juros compensatórios é de 12% (doze por cento) ao ano." **Tal percentual de 12% ao ano vigorou de 1984 até a data da publicação da MP nº 1.577/1997.**

Em 11.06.1997, foi publicada a MP nº 1.577/1997, que, no art. 3º, indicou:

> No caso de imissão prévia na posse, na desapropriação por necessidade ou utilidade pública e interesse social, inclusive para fins de reforma agrária, havendo divergência entre o preço ofertado em juízo e o valor da condenação, expressos em termos reais, incidirão juros compensatórios de seis por cento ao ano sobre o valor da diferença eventualmente apurada, a contar da imissão na posse.

Logo, a partir de 11.06.1997, o percentual de juros compensatórios passou a ser de 6% ao ano. Ele vigorou até a concessão da liminar na ADI nº 2.332/DF.

Em 13.09.2001, foi publicada a decisão liminar proferida na ADI nº 2.332/DF pelo STF, que suspendeu a eficácia da expressão de "até seis por cento", contida no art. 15-A do Decreto-lei nº 3.365/1941, introduzida pelo art. 1º da Medida Provisória (MP) nº 2.027-43/2000. **Assim, o percentual voltou a ser 12% ao ano.**

Não obstante, houve dois fatos importantes, e recentes, sobre o tema.

O primeiro diz respeito à alteração na Lei nº 8.629/1993, realizada pela Lei nº 13.465, de 11.07.2017. Houve a inclusão do § 9º ao art. 5º da Lei nº 8.629/1993, com a seguinte redação:

> § 9º Se houver imissão prévia na posse e, posteriormente, for verificada divergência entre o preço ofertado em juízo e o valor do bem fixado na sentença definitiva, expressos em termos reais, sobre a diferença eventualmente apurada incidirão **juros compensatórios a contar da imissão de posse, em percentual correspondente ao fixado para os títulos da dívida agrária depositados como oferta inicial para a terra nua,** vedado o cálculo de juros compostos (grifos nossos).

Com efeito, passa a existir previsão legal para que **os juros compensatórios sigam o percentual correspondente ao fixado para os títulos da dívida agrária.** Como já visto, o art. 5º da Lei nº 8.177/1991 trata da remuneração dos TDAs, sendo ela agora utilizada como parâmetro para o percentual de juros compensatórios (CARVALHO, 2018). Segundo esta lei, a remuneração dos TDAs varia entre 1 a 3% ao ano.

O segundo fato foi a publicação pelo STF, em 16.04.2019, do acórdão com o julgamento no mérito da ADI nº 2.332/DF, **que entendeu pela constitucionalidade do percentual de juros compensatórios de 6% ao ano.** Não obstante, frise-se que, até dezembro de 2021, não houve o trânsito em julgado da referida ADI. Em suma, a referida ação direta, que ainda pende de trânsito em julgado, foi julgada parcialmente procedente, com a fixação das seguintes teses:

> (i) É constitucional o percentual de juros compensatórios de 6% (seis por cento) ao ano para a remuneração pela imissão provisória na posse de bem objeto de desapropriação;

(ii) A base de cálculo dos juros compensatórios em desapropriações corresponde à diferença entre 80% do preço ofertado pelo ente público e o valor fixado na sentença;

(iii) São constitucionais as normas que condicionam a incidência de juros compensatórios à produtividade da propriedade;

(iv) É constitucional a estipulação de parâmetros mínimo e máximo para a concessão de honorários advocatícios em desapropriações, sendo, contudo, vedada a fixação de um valor nominal máximo de honorários.

Dessa forma, é possível dizer que, após 11.07.2017, **os juros compensatórios seguem o percentual correspondente ao fixado para os títulos da dívida agrária.**

Em suma, no tocante aos juros compensatórios, tem-se:

Período	Percentual de juros compensatórios
De 31.10.1984 (Súmula nº 618 do STF) a 11.06.1997 (MP nº 1.577/1997).	12% ao ano.
De 11.06.1997 (MP nº 1.577/1997) a 13.09.2001 (decisão liminar na ADI nº 2.332/DF).	6% ao ano.
De 13.09.2001 (decisão liminar na ADI nº 2.332/DF) a 11.07.2017 (alteração promovida pela Lei nº 13.465/2017).	12% ao ano.
De 11 de julho de 2017 (alteração promovida pela Lei 13.465/17) em diante.	Percentual correspondente ao fixado para os títulos da dívida agrária.

A base de cálculo dos juros compensatórios é a diferença entre 80% do preço ofertado pelo ente público e o valor fixado na sentença, conforme entendimento do STF.

Em relação aos **juros moratórios**, eles se destinam a recompor a perda decorrente do atraso no pagamento da indenização. Eles incidem a uma taxa de 6% ao ano, calculada sobre a indenização complementar não paga, na hipótese de o precatório não ser pago no prazo previsto na CF/1988. Veja-se:

> Art. 15-B. Nas ações a que se refere o art. 15-A, os juros moratórios destinam-se a recompor a perda decorrente do atraso no efetivo pagamento da indenização fixada na decisão final de mérito, e somente serão devidos à razão de até seis por cento ao ano, a partir de 1º de janeiro do exercício seguinte àquele em que o pagamento deveria ser feito, nos termos do art. 100 da Constituição. (Incluído pela Medida Provisória nº 2.183/1956, de 2001.)

Por fim, há os **honorários advocatícios**, que são calculados entre 0,5% e 5% do valor da diferença entre a oferta e a condenação. Quando a sentença fixar um valor superior ao preço oferecido, condenará o ente desapropriante a pagar os honorários, nos termos do art. 27 do Decreto-lei nº 3.365/1941:

> Art. 27. O juiz indicará na sentença os fatos que motivaram o seu convencimento e deverá atender, especialmente, à estimação dos bens para efeitos fiscais; ao preço de aquisição e interesse que deles aufere o proprietário; à sua situação, estado de conservação e segurança; ao valor venal dos da mesma espécie, nos últimos cinco anos, e à valorização ou depreciação de área remanescente, pertencente ao réu.
>
> **§ 1º A sentença que fixar o valor da indenização quando este for superior ao preço oferecido condenará o desapropriante a pagar honorários do advogado, que serão fixados entre meio e cinco por cento do valor da**

diferença, observado o disposto no § 4º do art. 20 do Código de Processo Civil. não podendo os honorários ultrapassar R$ 151.000,00 (cento e cinqüenta e um mil reais). (Redação dada Medida Provisória nº 2.183-56, de 2001) (*Vide* ADIN Nº 2332) (grifos nossos).

Havia previsão de um limite de R$ 151.000,00 (cento e cinquenta e um mil reais), redação dada pela MP n° 2.183-56, de 2001, que foi declarada inconstitucional pelo STF, na ADI n° 2.332-2. O fundamento dela foi o de que não havia razoabilidade na fixação de um valor absoluto para o limite dos honorários.[4]

5.2.4 Procedimento da desapropriação-sanção

O procedimento para esta modalidade de desapropriação é o contraditório especial, previsto nos arts. 184, § 3°, da CF/1988, e 1° da LC n° 76/1993, conforme segue:

> Art. 1º O procedimento judicial da desapropriação de imóvel rural, por interesse social, para fins de reforma agrária, obedecerá ao contraditório especial, de rito sumário, previsto nesta lei complementar.

É possível dividir esse procedimento especial em **duas fases, quais sejam, a administrativa e a judicial.**

Na fase administrativa, identifica-se um imóvel rural apto à reforma agrária. Referido imóvel pode ser indicado de ofício pelos entes públicos ou por meio de provocação de interessados, como os movimentos sociais (art. 1°, *caput*, do Decreto n° 2.250/1997).[5]

[4.] Conforme o Informativo n° 240 do STF, disponível em http://www.stf.jus.br/arquivo/informativo/documento/informativo240.htm. Acesso em: 02 maio 2016.

[5.] Art. 1° As entidades estaduais representativas de trabalhadores rurais e agricultores poderão indicar ao órgão fundiário federal ou ao órgão colegiado de que trata o art.

De início, realiza-se a **notificação prévia ao proprietário do imóvel rural, que deve ser pessoal**. Na impossibilidade de localizá-lo, faz-se a notificação por meio da publicação, por três vezes, em jornal de grande circulação na capital do Estado de localização do imóvel (art. 2°, §§ 2° e 3°, da Lei n° 8.629/1993).[6]

Relembre que o imóvel que tiver sido esbulhado ou invadido por conflito agrário ou fundiário de caráter coletivo não será vistoriado, avaliado ou desapropriado nos dois anos seguintes à sua desocupação, ou no dobro deste prazo (art. 2°, § 6°, da Lei n° 8.629/1993).

Após, o INCRA realizará **vistoria do imóvel**, com a coleta de informações sobre o cumprimento ou não da função social. Tais dados devem estar contidos no laudo agronômico de fiscalização (LAF).

Também, referido laudo deverá indicar a propensão do imóvel para a reforma agrária, com a sua viabilidade para a criação de um assentamento.

Nessa fase administrativa, o INCRA, antes de publicar o decreto, realiza consultas a diversos entes da administração pública, como a Fundação Nacional do Índio (Funai), a Agência Nacional de Mineração (ANM), o Instituto Brasileiro do Meio Ambiente e dos Recursos Naturais Renováveis (Ibama), o

---

2°, § 1°, da Medida Provisória n° 1.577, de 11 de junho de 1997, áreas passíveis de desapropriação para reforma agrária.

[6.] Art. 2° A propriedade rural que não cumprir a função social prevista no art. 9° é passível de desapropriação, nos termos desta lei, respeitados os dispositivos constitucionais. (...)
§ 2° Para os fins deste artigo, fica a União, através do órgão federal competente, autorizada a ingressar no imóvel de propriedade particular para levantamento de dados e informações, mediante prévia comunicação escrita ao proprietário, preposto ou seu representante. (Redação dada pela Medida Provisória n° 2.183/1956, de 2001.)
§ 3° Na ausência do proprietário, do preposto ou do representante, a comunicação será feita mediante edital, a ser publicado, por três vezes consecutivas, em jornal de grande circulação na capital do Estado de localização do imóvel (Incluído pela Medida Provisória n° 2.183/1956, de 2001).

Instituto Chico Mendes de Conservação da Biodiversidade (ICM-BIO), dentre outros, com vistas a identificar algum entrave à desapropriação, como a presença de indígenas, recursos minerais, unidades de conservação (UCs) etc.

Registre-se que até é possível o acordo sobre os valores na fase administrativa, o que não é muito comum na prática. Se houver acordo, encerra-se o procedimento.

Ao final dessa fase, tem-se a **publicação do decreto de desapropriação, pelo Presidente da República, em que se declara o interesse social para fins de reforma agrária.**

A partir daí, inicia-se o prazo decadencial para o ajuizamento da ação judicial de desapropriação para fins de reforma agrária, que é de dois anos (art. 3º da LC nº 76/1993).[7] Nas outras modalidades de desapropriação, como regra, vigora o prazo decadencial de cinco anos (art. 10 do Decreto-lei nº 3.365/1941).

Além disso, referido prazo de dois anos é contado de forma ininterrupta, ou seja, conta-se a partir da publicação do decreto.

A fase judicial tem início com o ingresso de demanda judicial.

Autoriza-se o INCRA a se imitir na posse, de plano, com o depósito dos valores, razão pela qual o procedimento é tido como sumário. Há uma urgência para a obtenção de tais áreas.

Não existindo qualquer dúvida acerca do real proprietário, este poderá levantar o equivalente a 80% dos valores depositados (art. 6º, § 1º, da LC nº 76/1993). Havendo incerteza, a resolução, como regra, deve dar-se em ação própria.

[7.] Art. 3º A ação de desapropriação deverá ser proposta dentro do prazo de dois anos, contado da publicação do decreto declaratório.

Com o ajuizamento da ação, **esta constará de averbação no registro do imóvel expropriando** (art. 6°, III, da LC n° 76/1993).

Após, será promovida a citação dos proprietários. **É possível que seja tentada a conciliação, nos 10 primeiros dias a contar da citação,** com a presença do representante do Ministério Público Federal, que deve obrigatoriamente intervir nesta modalidade de desapropriação (art. 6°, § 3°, da LC n° 76/1993).

As contestações podem versar sobre outras questões, além de vícios processuais e preço. De forma diversa das demais modalidades de desapropriação, aqui é possível rebater até mesmo o cumprimento da função social (CARVALHO, 2018). Veda-se apenas a discussão sobre o interesse social declarado (art. 9°, *caput*, da LC n° 76/1993).

Aberta a fase instrutória da desapropriação, será realizada perícia judicial (art. 9°, § 1°, da LC n° 76/1993).[8]

Ainda, a realização da prova pericial deve ficar adstrita aos pontos impugnados no laudo de vistoria administrativa (**art. 9°, § 1°, da LC n° 76/1993**).

Em momento posterior, será realizada a **audiência de instrução e julgamento,** em prazo não superior a 15 dias, a contar da conclusão da perícia (art. 11 da LC n° 76/1993).

Por fim, será proferida **sentença**, conforme o art. 12 da LC n° 76/1993:

[8.] Art. 9° A contestação deve ser oferecida no prazo de quinze dias e versar matéria de interesse da defesa, excluída a apreciação quanto ao interesse social declarado.
§ 1° Recebida a contestação, o juiz, se for o caso, determinará a realização de prova pericial, adstrita a pontos impugnados do laudo de vistoria administrativa, a que se refere o art. 5°, inciso IV e, simultaneamente:
I – designará o perito do juízo;
II – formulará os quesitos que julgar necessários;
III – intimará o perito e os assistentes para prestar compromisso, no prazo de cinco dias;
IV – intimará as partes para apresentar quesitos, no prazo de dez dias.
§ 2° A prova pericial será concluída no prazo fixado pelo juiz, não excedente a sessenta dias, contado da data do compromisso do perito.

Art. 12. O juiz proferirá sentença na audiência de instrução e julgamento ou nos trinta dias subseqüentes, indicando os fatos que motivaram o seu convencimento.

§ 1º Ao fixar o valor da indenização, o juiz considerará, além dos laudos periciais, outros meios objetivos de convencimento, inclusive a pesquisa de mercado.

§ 2º O valor da indenização corresponderá ao valor apurado na data da perícia, ou ao consignado pelo juiz, corrigido monetariamente até a data de seu efetivo pagamento.

§ 3º Na sentença, o juiz individualizará o valor do imóvel, de suas benfeitorias e dos demais componentes do valor da indenização.

§ 4º Tratando-se de enfiteuse ou aforamento, o valor da indenização será depositado em nome dos titulares do domínio útil e do domínio direto e disputado por via de ação própria.

Com efeito, a **sentença deve fixar o valor da indenização.**

Cabe recurso de apelação, com efeito simplesmente devolutivo, quando interposta pelo expropriado e, com efeito devolutivo e suspensivo, quando interposta pelo expropriante (art. 13 da LC nº 76/1993).

5.3 Compra e venda de imóveis rurais para fins de reforma agrária[9]

Ao se falar em reforma agrária, esquece-se que não há somente a desapropriação-sanção. Outro mecanismo à disposição da autarquia agrária é a **compra e venda.**

---

[9] Abordamos as principais características da compra e venda para fins de reforma agrária no artigo: A compra e venda como meio de implementação da reforma agrária no Brasil. In: *Revista dos Tribunais*, São Paulo, vol. 949, p. 71-92, nov. 2014.

Há regulação específica sobre ela no campo da reforma agrária, no Decreto nº 433/1992. Por meio das normas aí inseridas, **autoriza-se o INCRA a adquirir, mediante compra e venda, imóveis rurais destinados à implantação de projetos do programa de reforma agrária (art. 1º)**.

Conforme apontado anteriormente, há hipóteses em que não é possível o uso da desapropriação-sanção. Por exemplo: se o imóvel rural cumprir a função social; caso ele se enquadre no conceito de pequena ou média propriedade (art. 185 da CF); se o imóvel rural for objeto de esbulho possessório ou invasão motivada por conflito agrário (art. 2º, § 6º, da Lei nº 8.629/1993). Em casos como estes, é possível a avaliação de alternativas para a obtenção do imóvel rural, sendo uma delas a compra e venda para fins de reforma agrária. **Ela é uma modalidade subsidiária à desapropriação-sanção.**

Não obstante, para que seja viável a sua utilização, há que se obedecer a uma **finalidade especial, isto é, aptidão do imóvel rural para projetos de reforma agrária**[10] (art. 1º, § 2º, do Decreto nº 433/1992).

Conforme o art. 2º do aludido decreto, a **aquisição ocorrerá preferencialmente em áreas de manifesta tensão social**, competindo ao INCRA definir as regiões preferenciais para a aquisição.[11]

---

[10]. Decreto nº 433/1992, art. 1º, § 2º É vedada a aquisição de imóveis rurais que, pelas suas características, não sejam adequados à implantação de projetos integrantes do programa de reforma agrária. (Incluído pelo Decreto nº 2.614, de 1998.)

[11]. Art. 2º A aquisição imobiliária de que trata este Decreto ocorrerá, preferencialmente, em áreas de manifesta tensão social para o assentamento de trabalhadores rurais, visando atender à função social da propriedade. (Redação dada pelo Decreto nº 2.614, de 1998.)
Parágrafo único. Compete ao INCRA definir e priorizar as regiões do País consideradas preferenciais para os fins do disposto neste artigo. (Redação dada pelo Decreto nº 2.614, de 1998.)

Uma das grandes diferenças com relação à desapropriação é que, na compra e venda, exige-se o consentimento do vendedor. Não se trata de intervenção forçada, como na desapropriação.

Se não houver o consentimento do vendedor, não será possível a compra e venda, já que os requisitos gerais para a sua concretização são o objeto, o preço, o consentimento e a forma especial (HAVRENNE, 2014).

Na compra e venda, **também há regra diversa sobre os impostos que recaem na transmissão do imóvel, que ficam a cargo do vendedor (art. 10 do Decreto nº 433/1992)**. Lembre-se de que, na desapropriação-sanção, são imunes de impostos federais, estaduais e municipais as operações de transferência dos imóveis rurais desapropriados (art. 184, § 5º, da CF/1988). Este ponto, em certos casos, é um dos elementos que impedem a compra e venda do imóvel pelo INCRA.

Quanto ao pagamento, **ele será feito, em regra, por TDAs, de forma similar à desapropriação (art. 11 do Decreto nº 433/1992)**. O vendedor, caso concorde em receber TDAs para o pagamento das benfeitorias necessárias e úteis, poderá ter redução no prazo de resgate das TDAs (art. 11, § 2º, do Decreto nº 433/1992). Não obstante, **também será possível o pagamento da indenização em dinheiro,** conforme o art. 5º, § 7º, da Lei nº 8.629/1993.

5.4 Desapropriação "genérica"

Esta modalidade de desapropriação está prevista no art. 5º, XXIV, da CF, *in verbis*:

> Art. 5º Todos são iguais perante a lei, sem distinção de qualquer natureza, garantindo-se aos brasileiros e aos es-

trangeiros residentes no País a inviolabilidade do direito à vida, à liberdade, à igualdade, à segurança e à propriedade, nos termos seguintes: (...)

XXIV – a lei estabelecerá o procedimento para desapropriação por necessidade ou utilidade pública, ou por interesse social, mediante justa e prévia indenização em dinheiro, ressalvados os casos previstos nesta Constituição; (...)

São três os pressupostos para a desapropriação "genérica", quais sejam: **necessidade pública, utilidade pública ou interesse social.**

A necessidade pública refere-se aos casos de urgência da Administração Pública. A utilidade pública diz respeito à conveniência do Poder Público. O interesse social vincula-se a interesses da coletividade, e não do Estado-Administração (VENOSA, 2005).

A desapropriação "genérica" possui um caráter **residual (SANTOS, 2012).** Não sendo possível a utilização da desapropriação por interesse social para fins de reforma agrária (art. 184 da CF/1988), é possível analisar o seu cabimento.

Ainda, **como não se trata de uma desapropriação-sanção, com caráter punitivo, a indenização deve ser prévia, justa e em dinheiro (HAVRENNE, 2018b).**

Prévia significa que o pagamento do imóvel deve ser realizado antes da mudança de dono. Justa diz respeito ao valor de mercado do bem. Em dinheiro porque o pagamento não será feito de forma diversa, como por meio de títulos da dívida pública.

Ademais, **na desapropriação "genérica", não é discutida a "função social do imóvel rural", como ocorre na desapropriação-sanção.**

Isso não significa que ela não possa ser utilizada para fins de reforma agrária. Ao revés, pode ser usada nas situações em que não for cabível a desapropriação-sanção (p. ex.: imóveis que cumprem a função social). **Trata-se de alternativa a ser estudada pelo Poder Público, como o é a compra e venda para fins de reforma agrária.**

No exemplo acima, sob a ótica do ente expropriante, a desapropriação "genérica" trará maiores dispêndios, haja vista que o pagamento terá de ser feito em dinheiro, e não em títulos públicos. Logo, deve ser analisada detalhadamente a sua imprescindibilidade pelo ente expropriante.

O rol de entes com competência para declarar a utilidade pública ou o interesse social na desapropriação "genérica" não é idêntico ao da desapropriação-sanção. Nesta, há competência exclusiva da União. Naquela, a competência é da União, dos Estados, dos Municípios, do Distrito Federal e dos Territórios (art. 2º do Decreto-lei nº 3.365/1941) (CARVALHO FILHO, 2008).

5.5 Confisco

O confisco consiste na retirada do imóvel, rural ou urbano, do seu proprietário, sem qualquer indenização.

O confisco, e não desapropriação, está previsto no art. 243 da CF/1988:

> Art. 243. As propriedades rurais e urbanas de qualquer região do País **onde forem localizadas culturas ilegais de plantas psicotrópicas ou a exploração de trabalho escravo na forma da lei serão expropriadas e destinadas à reforma agrária e a programas de habitação po-

pular, sem qualquer indenização ao proprietário e sem prejuízo de outras sanções previstas em lei, observado, no que couber, o disposto no art. 5º. (Redação dada pela Emenda Constitucional nº 81, de 2014.)

Parágrafo único. Todo e qualquer bem de valor econômico apreendido em decorrência do tráfico ilícito de entorpecentes e drogas afins e da exploração de trabalho escravo será confiscado e reverterá a fundo especial com destinação específica, na forma da lei (Redação dada pela Emenda Constitucional nº 81, de 2014) (grifos nossos).

Importante dizer que houve modificação, na sua redação, promovida pela EC nº 81, de 2014, que incluiu a **questão do trabalho escravo**.

Não obstante a previsão de confisco de propriedades com trabalho escravo, há a necessidade de sua regulamentação por lei. Tal dispositivo constitucional deverá ser plenamente efetivado com tal regulamentação. Parte da doutrina defende que não há necessidade de lei para regulamentar a EC nº 81/2014. Neste sentido, veja-se Hamilton Gomes Carneiro (2012, p. 90-91):

> A Emenda Constitucional 81/2014 dispõe que os dispositivos de expropriação serão regulamentados por lei. Todavia, entende-se que esse foi um lapso do legislador, uma vez que o direito pátrio já conta com normas legais suficientes para dar aplicação imediata à EC 81/2014. Sob este prisma, cita-se o Código de Processo Civil (CPC), com o rito ordinário (petição inicial, resposta, contraditório e ampla defesa etc.), o art. 149 do Código Penal, que já estabeleceu quais as hipóteses em que está caracterizado o crime de trabalho análogo ao de escravo, bem como as normas da OIT, que foram recepcionadas pela

CF/1988, após aprovadas pelas duas casas do Congresso Nacional (Senado Federal e Câmara dos Deputados).

A inclusão do trabalho escravo como causa de confisco do imóvel representou um avanço no cumprimento da função social. Antes da modificação constitucional, ainda que o imóvel rural possuísse trabalho escravo, e interessasse à reforma agrária, o INCRA deveria promover a desapropriação-sanção, com o pagamento de valores ao proprietário. Agora, em se configurando o trabalho escravo, não será devida qualquer indenização.

Tanto o tráfico ilícito de entorpecentes (Lei nº 11.343/2006) quanto o trabalho escravo (art. 149 do Código Penal – CP), são crimes de excepcional gravidade.

Além da questão criminal, o trabalho escravo também gera uma afronta à legislação trabalhista.

Descumpre-se ainda a função social da propriedade, com o não atendimento das suas dimensões trabalhista e social.

A destinação das propriedades confiscadas será a reforma agrária ou programas de habitação popular.

Por fim, importante mencionar que o STF possui jurisprudência no sentido de que o confisco pode ser afastado, "desde que o proprietário comprove que não incorreu em culpa".[12]

5.6 Usucapião especial rural

A usucapião consiste na aquisição da propriedade imóvel pelo decurso do tempo. Trata-se de **modo originário de ob-**

---

[12] RE nº 635.336, Rel. Gilmar Mendes, Tribunal Pleno, julgado em 14.12.2016.

tenção da propriedade, sem a existência de vínculos com o antigo dono (HAVRENNE, 2018b).

A doutrina elenca as seguintes formas de usucapião: a) extraordinária (art. 1.238 do CC); b) ordinária (art. 1.242 do CC); c) especial urbana (arts. 183 da CF/1988, e 1.240 do CC); d) especial rural (arts. 191 da CF/1988, e 1.239 do CC); e) indígena (art. 33 da Lei nº 6.001/1973) (HAVRENNE, 2018b).

A modalidade contemplada na CF/1988, no capítulo da reforma agrária, é a usucapião especial rural.

Ela vincula-se sobremaneira à reforma agrária, já que é **uma das formas de democratização do acesso à terra, além de conferir o cumprimento da função social da posse.**

Conforme o art. 191 da CF/1988, tem-se:

> Art. 191. Aquele que, não sendo proprietário de imóvel rural ou urbano, possua como seu, por cinco anos ininterruptos, sem oposição, área de terra, em zona rural, não superior a cinquenta hectares, tornando-a produtiva por seu trabalho ou de sua família, tendo nela sua moradia, adquirir-lhe-á a propriedade.
>
> Parágrafo único. Os imóveis públicos não serão adquiridos por usucapião.

Desse dispositivo, é possível extrair os seguintes requisitos para a usucapião especial rural:

a) não ser proprietário de imóvel rural ou urbano;
b) possuir como seu (com *animus domini* ou ânimo de dono), por cinco anos ininterruptos, sem oposição (de forma mansa e pacífica), a propriedade;
c) área de terra, em zona rural, não superior a 50 hectares;

d) tornando-a produtiva, por seu trabalho ou de sua família, tendo nela sua moradia.

Também não se admite que imóveis públicos sejam adquiridos por usucapião (art. 191, parágrafo único, da CF/1988). Pouco interessa a destinação destes bens públicos, se de uso comum do povo, de uso especial ou dominicais. Em outras palavras, sendo bens públicos, não é possível a usucapião.[13]

Nota-se dos requisitos acima indicados que **não é necessário justo título nem boa-fé para a usucapião especial rural** (GONÇALVES, 2003).

Além da moradia, o intuito do Estado é o de promover a função social da propriedade/posse, fixando o produtor rural no campo (VENOSA, 2005).

O critério para a definição de zona rural, como já visto, é o da finalidade.

A sentença que reconhecer a aquisição do imóvel pela usucapião tem natureza jurídica declaratória.

Diga-se ainda que a Lei nº 6.969/1981 dispunha sobre a usucapião em terras particulares e em terras devolutas (art. 2º).[14] No entanto, **tal dispositivo foi derrogado no que tange às**

---

13. CC: Art. 99. São bens públicos:
I – os de uso comum do povo, tais como rios, mares, estradas, ruas e praças;
II – os de uso especial, tais como edifícios ou terrenos destinados a serviço ou estabelecimento da administração federal, estadual, territorial ou municipal, inclusive os de suas autarquias;
III – os dominicais, que constituem o patrimônio das pessoas jurídicas de direito público, como objeto de direito pessoal, ou real, de cada uma dessas entidades.
Parágrafo único. Não dispondo a lei em contrário, consideram-se dominicais os bens pertencentes às pessoas jurídicas de direito público a que se tenha dado estrutura de direito privado.

14. Art. 2º A usucapião especial, a que se refere esta Lei, abrange as terras particulares e as terras devolutas, em geral, sem prejuízo de outros direitos conferidos ao possuiro, pelo Estatuto da Terra ou pelas leis que dispõem sobre processo discriminatório de terras devolutas.

terras devolutas, uma vez que não se permite mais usucapião de terras públicas (HAVRENNE, 2018b).

Dessa forma, a Lei nº 6.969/1981 continua válida para as questões envolvendo as terras particulares, devendo ela ser interpretada em conjunto com o art. 191 da CF/1988 (HAVRENNE, 2018b).

6

Regularização fundiária rural

6.1 Conceito

A regularização fundiária rural baseia-se na **dignidade da pessoa humana** e visa a reordenar a estrutura fundiária, **por meio da concessão de um título de posse ou de propriedade aos interessados em promover atividades no campo** (HAVRENNE, 2018b).

A ideia básica é a de que é necessário regularizar o imóvel rural que não atende à função social, modificando o *status* dele.

Nesse contexto, **não só os imóveis particulares devem atender à função social, mas também os públicos.**

Do ponto de vista doutrinário, pode-se conferir um sentido mais amplo ou mais estrito à regularização fundiária rural. Veja-se:

> Em sentido abrangente, trata-se de política de Estado para arrecadar terras que descumpram a função social, as quais serão posteriormente destinadas a pessoas com vocação agrícola. Engloba principalmente as terras públi-

cas e devolutas. Em alguns casos, pode abranger terras particulares. Vide os casos em que o Estado deve desapropriá-las, a fim de resguardar o meio ambiente ou o direito das minorias.

Em sentido estrito, a regularização fundiária consiste num conjunto de medidas voltado à titulação de trabalhadores rurais, que produzem alimentos em áreas públicas. O título concedido irá proporcionar o acesso do ocupante a políticas públicas essenciais, como financiamentos agrícolas e programas de incentivo à produção no campo. O seu âmbito restringe-se a terras públicas e devolutas (HAVRENNE, 2018b, p. 233).

Como se percebe, a acepção ampla envolve a regularização de praticamente todo o ordenamento fundiário nacional, englobando também áreas com aspectos diferenciais, como a Amazônia, as fronteiras, os espaços territoriais ambientalmente protegidos e as áreas ocupadas por minorias.

Já na acepção restrita, limita-se a regularização àquelas áreas públicas ocupadas de maneira indevida, com o Estado promovendo a regularização, por meio da concessão de um título. Este, por sua vez, auxilia os pequenos agricultores a manterem a sua subsistência, bem como progredirem no campo socioeconômico. Colabora-se, ao mesmo tempo, com o desenvolvimento social do país.

Para fins de compreensão do conceito de regularização fundiária, havia previsão de seus termos gerais no revogado art. 46 da Lei n° 11.977/2009 (Programa Minha Casa, Minha Vida), que se referia ao campo urbano, não sendo propriamente o objeto de estudo do Direito Agrário:

> Art. 46. A regularização fundiária consiste no conjunto de medidas jurídicas, urbanísticas, ambientais e sociais

que visam à regularização de assentamentos irregulares e à titulação de seus ocupantes, de modo a garantir o direito social à moradia, o pleno desenvolvimento das funções sociais da propriedade urbana e o direito ao meio ambiente ecologicamente equilibrado.

Veja-se que **há a presença da "regularização" de áreas indevidamente ocupadas, bem como da titulação dos seus ocupantes.**

No campo rural, **estes dois aspectos continuam presentes, agregando-se promoção da dignidade da pessoa humana, erradicação da pobreza, redução das desigualdades sociais e regionais, isonomia, função social da propriedade/posse, justiça social, segurança jurídica e desenvolvimento sustentável (HAVRENNE, 2018b).**

A CF/1988 não define expressamente o que seja a regularização fundiária, mas é possível extrair o seu conceito no Título da Ordem Econômica. No seu art. 188, alude-se à destinação de terras públicas e devolutas, que deve ser compatibilizada com a política agrícola (Lei nº 8.171/1991). Esta, por sua vez, tem por escopo estimular a produção rural, tratando-se de política de desenvolvimento social. Assim, a regularização fundiária está compreendida dentro deste objetivo maior da política agrícola (HAVRENNE, 2018b).

Acrescente-se que alguns dispositivos legais dão a ideia da regularização fundiária rural. Neste diapasão, vejam-se os arts. 97 do Estatuto da Terra (Lei nº 4.504/1964), e 29 da Lei nº 6.383/1976 (processo discriminatório de terras devolutas federais):

> Art. 97. Quanto aos legítimos possuidores de terras devolutas federais, observar-se-á o seguinte:

I – o Instituto Brasileiro de Reforma Agrária promoverá a discriminação das áreas ocupadas por posseiros, **para a progressiva regularização de suas condições de uso e posse da terra, providenciando, nos casos e condições previstos nesta Lei, a emissão dos títulos de domínio;**

II – todo o trabalhador agrícola que, à data da presente Lei, tiver ocupado, por um ano, terras devolutas, terá preferência para adquirir um lote da dimensão do módulo de propriedade rural, que for estabelecido para a região, obedecidas as prescrições da lei.

....

Art. 29. **O ocupante de terras públicas, que as tenha tornado produtivas com o seu trabalho e o de sua família, fará jus à legitimação da posse de área contínua até 100 (cem) hectares**, desde que preencha os seguintes requisitos:

I – não seja proprietário de imóvel rural;

II – comprove a morada permanente e cultura efetiva, pelo prazo mínimo de 1 (um) ano. (...) (grifos nossos).

De fato, a regularização daquele que ocupa terras de maneira irregular, bem como a concessão do título permanecem presentes, buscando-se a promoção do desenvolvimento socioeconômico no campo.

Ademais, a regularização fundiária não é alternativa à reforma agrária. Ao revés, **ela integra e complementa, na medida em que busca proporcionar a inclusão social do trabalhador rural, com uma melhor distribuição de renda.**

A regularização fundiária deve ter como foco principal de preocupação os pequenos produtores rurais, pessoas com vocação agrícola, e não aos grandes proprietários rurais ou latifundiários. A regularização fundiária tem por escopo reduzir as desigualdades sociais e erradicar a pobreza, e não aumentar a concentração de renda no campo.

Em linhas gerais, as bases constitucionais da regularização fundiária recaem sobre a dignidade da pessoa humana, erradicação da pobreza e da marginalização e redução das desigualdades sociais e regionais, isonomia, função social da propriedade, justiça social e segurança jurídica (HAVRENNE, 2018b).

Em síntese, a regularização fundiária busca promover o desenvolvimento social no campo, por meio da reordenação da estrutura fundiária. A concessão do título é uma das etapas desse processo, já que insere o pequeno agricultor no campo da legalidade, colaborando para que ele possua mecanismos de subsistência, bem como uma vida digna.

6.2 Regularização fundiária na Amazônia Legal

A Amazônia contempla uma fonte inesgotável de riquezas naturais e animais, sendo a sua preservação um foco de preocupação mundial.

Nela se situa a Floresta Amazônica, uma das mais importantes coberturas vegetais do mundo, além da bacia hidrográfica formada pelo Rio Amazonas, uma das mais extensas do mundo (HAVRENNE, 2018b).

Além das riquezas naturais, há uma imensa diversidade étnica, com a presença de aproximadamente 170 povos tradicionais. Acrescente-se que a Amazônia contempla 57,64% da população indígena no país, com 98,97% das terras indígenas do Brasil (ESTERCI, 2012).

Agregue-se a isso uma imensidão territorial, ocupada de forma desordenada, sem qualquer tipo de controle pelo Estado.

Nesse contexto é que veio a MP n° 458/2009, posteriormente convertida na Lei n° 11.952/2009, que dispõe sobre a regularização fundiária das ocupações incidentes em terras da União, no âmbito da Amazônia Legal.

No que tange à regularização fundiária das áreas rurais situadas em terras da União, no âmbito da Amazônia Legal, e em terras do Instituto Nacional de Colonização e Reforma Agrária, por meio de alienação e concessão de direito real de uso de imóveis, a Lei n° 11.952/2009 foi regulamentada pelo Decreto n° 10.592/2020.

A MP n° 458/2009 deve ser compreendida em conjunto com o programa governamental "Terra Legal", criado em 2009, que tinha por objetivo a implantação de modelos de produção sustentável na Amazônia (HAVRENNE, 2018b).

Diga-se, inicialmente, que a **Amazônia Legal**, para fins de aplicação da lei, contempla, nos termos do art. 2° da LC n° 124/2007, a seguinte área:

> Art. 2° A área de atuação da Sudam abrange os **Estados do Acre, Amapá, Amazonas, Mato Grosso, Rondônia, Roraima, Tocantins, Pará e do Maranhão na sua porção a oeste do Meridiano 44°** (grifos nossos).

Tal definição é específica, e divergente da presente em outras normas, como a do Código Florestal vigente, Lei n° 12.651/2012.[1] Nesta, o norte de Goiás é abarcado pela Amazônia Legal.

---

[1] Art. 3° Para os efeitos desta Lei, entende-se por:
I – Amazônia Legal: os Estados do Acre, Pará, Amazonas, Roraima, Rondônia, Amapá

A fim de resguardar interesses específicos, **a Lei n° 11.952/2009 exclui a possibilidade de alienação ou concessão de direito real de uso, das ocupações que recaiam sobre as áreas indicadas no art. 4°, quais sejam:**

> Art. 4° Não serão passíveis de **alienação ou concessão de direito real de uso, nos termos desta Lei**, as ocupações que recaiam sobre áreas:
>
> I – reservadas à administração militar federal e a outras finalidades de utilidade pública ou de interesse social a cargo da União;
>
> II – tradicionalmente ocupadas por população indígena;
>
> III – de florestas públicas, nos termos da Lei n° 11.284, de 2 de março de 2006, de unidades de conservação ou que sejam objeto de processo administrativo voltado à criação de unidades de conservação, conforme regulamento; ou
>
> IV – que contenham acessões ou benfeitorias federais (grifos nossos).

Em outras palavras, **há casos em que já existe uma ocupação, de natureza diferenciada, para a qual não se mostra possível a sua concessão ou alienação a produtores rurais**. Na hipótese, por exemplo, da ocupação de terras por população indígena, incide uma relação especial (indigenato), que é protegida pela CF/1988.

Ainda, extraem-se do *caput* do art. 4° os dois principais mecanismos para a regularização fundiária na Amazônia Legal: **a) concessão de direito real de uso (transfere-se somente um dos atributos da propriedade, qual seja, o uso); e b) alienação,**

---

e Mato Grosso e as regiões situadas ao norte do paralelo 13° S, dos Estados de Tocantins e Goiás, e ao oeste do meridiano de 44° W, do Estado do Maranhão; (...).

que compreende a doação (caráter de gratuidade) ou venda (caráter oneroso) (HAVRENNE, 2018b).

A fim de facilitar a compreensão dos requisitos para a regularização fundiária na Amazônia, é possível dividi-los em objetivos e subjetivos (CARVALHO *et al.*, 2018). Referidas condições encontram-se previstas no art. 5°:

> Art. 5° Para regularização da ocupação, nos termos desta Lei, o ocupante e seu cônjuge ou companheiro deverão atender os seguintes requisitos:
>
> I – ser brasileiro nato ou naturalizado;
>
> II – não ser proprietário de imóvel rural em qualquer parte do território nacional;
>
> III – praticar cultura efetiva;
>
> IV – comprovar o exercício de ocupação e exploração direta, mansa e pacífica, por si ou por seus antecessores, anterior a 22 de julho de 2008; (Redação dada pela Lei nº 13.465, de 2017.)
>
> V – não ter sido beneficiado por programa de reforma agrária ou de regularização fundiária de área rural, ressalvadas as situações admitidas pelo Ministério do Desenvolvimento Agrário.
>
> § 1º Fica vedada a regularização de ocupações em que o ocupante ou seu cônjuge ou companheiro exerçam cargo ou emprego público: (Redação dada pela Lei nº 13.465, de 2017.)
>
> I – no INCRA; (Incluído pela Lei nº 13.465, de 2017.)
>
> II – na Secretaria Especial de Agricultura Familiar e do Desenvolvimento Agrário da Casa Civil da Presidência da República; (Incluído pela Lei nº 13.465, de 2017.)

III – na Secretaria do Patrimônio da União (SPU); ou (Incluído pela Lei nº 13.465, de 2017.)

IV – nos órgãos estaduais de terras. (Incluído pela Lei nº 13.465, de 2017.)

§ 2º (Revogado.) (Redação dada pela Lei nº 13.465, de 2017.)

Os requisitos objetivos são:

a) praticar cultura efetiva; e
b) comprovar o exercício de ocupação e exploração direta, mansa e pacífica, por si ou por seus antecessores, anterior a 22 de julho de 2008.

A cultura efetiva consiste na exploração da terra, de forma a respeitar a função social da propriedade. No art. 2º, V, indica-se que ela é a "exploração agropecuária, agroindustrial, extrativa, florestal, pesqueira, de turismo ou outra atividade similar que envolva a exploração do solo".

Busca-se com isso evitar uso meramente especulativo da terra, já que o alvo da regularização fundiária rural devem ser os pequenos produtores rurais, com aptidão agrícola.

O exercício de ocupação e exploração direta, mansa e pacífica, por si ou por seus antecessores, anterior a 22.07.2008, significa que a ocupação não pode ter se dado por ato de violência, como esbulho ou turbação. No art. 2º, VI, "ocupação mansa e pacífica" é definida como "aquela exercida sem oposição e de forma contínua".

A permanência por um lapso temporal na terra demonstra que a ocupação já se firmou há algum tempo, pelo interessado ou por seus antecessores. Evita-se assim a obtenção de terras por pessoas que não possuem vínculo duradouro com o imóvel rural, ou seja, os recém-instalados.

Nos termos da lei (art. 2º, III), exploração direta é

> atividade econômica exercida em imóvel rural e gerenciada diretamente pelo ocupante com o auxílio de seus familiares, de terceiros, ainda que sejam assalariados, ou por meio de pessoa jurídica de cujo capital social ele seja titular majoritário ou integral.

Constata-se, mais uma vez, o propósito de que a terra seja utilizada para a subsistência do grupo familiar, ainda que com o auxílio de terceiros assalariados.

Essa finalidade fica mais evidente na medida em que a Lei nº 11.952/2009 define a exploração indireta, que é a "atividade econômica exercida em imóvel rural e gerenciada, de fato ou de direito, por terceiros, que não sejam os requerentes" (art. 2º, IV). Aqui, já se apresenta uma situação em que os ocupantes produzem, mas em decorrência de atividade econômica de terceiros.

Os **requisitos subjetivos**, por sua vez, são:

a) ser brasileiro nato ou naturalizado;
b) não ser proprietário de imóvel rural em qualquer parte do território nacional;
c) não ter sido beneficiado por programa de reforma agrária ou de regularização fundiária de área rural, ressalvadas as situações admitidas pelo órgão competente.

Além disso, o termo "brasileiro" indica que tal condição direciona-se às pessoas físicas (CARVALHO *et al.*, 2018), já que o objetivo da regularização fundiária é o de promover o desenvolvimento socioeconômico de pequenos produtores rurais, não se destinando a pessoas jurídicas com alto potencial econômico.

Acrescente-se que o requerente e seu cônjuge/companheiro **não poderão ser proprietários de imóvel rural em qualquer parte do território nacional**. Por óbvio, o que se pretende é auxiliar aqueles que tenham condição econômica reduzida, mas com aptidão para a produção rural. Neste contexto, o Estado colabora com os pequenos produtores, por meio de incentivo para a obtenção da terra, que é um dos fatores de produção, ao lado do capital e do trabalho.

A última condição é a de que o ocupante e seu cônjuge/companheiro **não tenham sido beneficiados por programa de reforma agrária ou de regularização fundiária de área rural, ressalvadas as situações admitidas pelo órgão competente.**

O objetivo é o de proporcionar ao maior número de pessoas que tenham vocação agrícola o acesso à terra. Logo, este auxílio não se destina a quem já possui o imóvel rural, em regra, pessoas com alto poder aquisitivo. Ao revés, o programa de regularização fundiária é direcionado a pequenos agricultores, que, por meio do trabalho rural, irão colaborar para uma melhor distribuição de renda no país.

Visando ao atendimento da moralidade e da impessoalidade, dois dos mais caros princípios da Administração Pública,[2] a **Lei nº 11.952/2009 não permite que o ocupante ou o seu cônjuge ou companheiro exerçam cargo ou emprego público nos seguintes órgãos: I - no INCRA; II - na Secretaria Especial de Agricultura Familiar e do Desenvolvimento Agrário da Casa Civil**

[2.] Os princípios da Administração Pública elencados no art. 37, *caput*, da CF/1988 são a legalidade, a impessoalidade, a moralidade, a publicidade e a eficiência.

da Presidência da República; III – na Secretaria do Patrimônio da União (SPU); ou IV – nos órgãos estaduais de terras.

Busca-se evitar a afronta à impessoalidade (tratamento sem privilégio que deve ser conferido aos cidadãos pela Administração Pública) e à moralidade (ética no trato da coisa pública).

A hipótese prevista na lei gera um **impedimento** à obtenção de imóveis rurais por meio do programa de regularização fundiária.

Ainda, a indicação dos órgãos na lei tem cunho meramente exemplificativo. Evidentemente, caso o familiar exerça o cargo em qualquer órgão público e tenha algum tipo de acesso privilegiado às questões envolvendo a regularização fundiária, haverá também proibição para sua atuação em favor do requerente.

Diga-se que a violação aos princípios da Administração Pública pode gerar a incidência da Lei de Improbidade Administrativa – LIA (Lei nº 8.429/1992), por afronta aos princípios da Administração Pública (art. 11 da Lei nº 8.429/1992), sem prejuízo de sanções civis e penais.

Com relação à dimensão do imóvel rural apto à regularização fundiária, a Lei nº 11.952/2009, indica que este é de 2.500 hectares (art. 6º, § 1º).

Tal limite de área é idêntico ao previsto no art. 49, XVII, da CF/1988, que alude à competência exclusiva do Congresso Nacional para aprovar, previamente, a alienação ou concessão de terras públicas com área superior a dois mil e quinhentos hectares.

Ainda, há a regulação da forma como se dará a regularização fundiária rural, a depender do tamanho do imóvel rural.

Para as ocupações de até um módulo fiscal, a alienação e a concessão de direito real de uso dar-se-ão de forma gratuita, dispensada a licitação (art. 11).

Para as ocupações com área superior a um módulo fiscal até 2.500 hectares, a alienação e a concessão de direito real de uso serão onerosas, dispensada a licitação (art. 12).

Os ocupantes de áreas com dimensão superior a 2.500 hectares podem obter titulação parcial até o limite de 2.500 hectares, desde que observem as normas previstas na Lei nº 11.952/2009 (art. 14).

Por fim, o título de domínio ou o termo de concessão de direito real de uso devem conter cláusulas que determinem, pelo **prazo de 10 anos**, sob **condição resolutiva,** além da inalienabilidade do imóvel: **I – a manutenção da destinação agrária, por meio da prática de cultura efetiva; II – o respeito à legislação ambiental, em especial o cumprimento do Cadastro Ambiental Rural (CAR); III – a não exploração de mão de obra em condição análoga à de escravo; e IV – as condições e a forma de pagamento** (art. 15).

Nesse diapasão, o beneficiário que transferir ou negociar o título obtido, desrespeitando as normas aqui presentes, não poderá ser beneficiado por programas de reforma agrária ou de regularização fundiária.

O prazo de 10 anos de inegociabilidade do título de domínio está em consonância com o art. 189 da CF/1988, que veda a negociação dos referidos títulos por beneficiários da reforma agrária. Veja-se, neste sentido, o íntimo elo existente entre a reforma agrária e a regularização fundiária rural na Amazônia Legal. Os propósitos de promover a erradicação da pobreza, com uma melhor distribuição da renda, e colaborando com o desenvolvimento socioeconômico do país, são os mesmos.

A infração de qualquer das condições do título, bem como do prazo de inalienabilidade, implica a resolução do título. O art. 18, nesse sentido, aduz que

> O descumprimento das condições resolutivas pelo titulado implica resolução de pleno direito do título de domínio ou do termo de concessão, declarada no processo administrativo que apurar o descumprimento das cláusulas resolutivas, assegurados os princípios da ampla defesa e do contraditório.

Haverá liberação das condições resolutivas do título de domínio e do termo de concessão de uso, após verificação de seu cumprimento (art. 16).

Por fim, importante mencionar que **a Lei n° 13.465/2017 inseriu o art. 40-A, que amplia o alcance inicial da lei, qual seja, para ocupações fora da Amazônia Legal nas áreas urbanas e rurais do INCRA, inclusive áreas remanescentes de projetos criados pelo INCRA, dentro ou fora da Amazônia Legal, em data anterior a 10 de outubro de 1985, com características de colonização.** Tal alcance da lei (para fora da Amazônia Legal) não se aplica para as ocupações de área de até um módulo fiscal, cujas alienação e concessão de direito real de uso dar-se-ão de forma gratuita, dispensada a licitação (art. 11).

6.3 ADI n° 4.269 promovida pela Procuradoria-Geral da República (PGR) contra dispositivos da Lei n° 11.952/2009

A PGR, sob o comando da então Procuradora-geral em exercício, Dra. Deborah Duprat, ajuizou em 09.07.2009 a ADI n° 4.269 contra alguns dos dispositivos da Lei n° 11.952/2009 (arts. 4°, § 2°, 13, 15, I, §§ 4° e 5°).[3] O fundamento para a ADI foi

---

[3]. Art. 4° Não serão passíveis de alienação ou concessão de direito real de uso, nos termos desta Lei, as ocupações que recaiam sobre áreas: (...) II – tradicionalmente

o de que tais dispositivos fugiam dos objetivos da regularização fundiária, que são a promoção da inclusão social e o aperfeiçoamento da fiscalização do desmatamento na Amazônia (HAVRENNE, 2018b).

De início, quanto ao art. 4°, § 2°, da Lei n° 11.952/2009, a discussão referia-se à possibilidade ou não de que as terras quilombolas fossem regularizadas em favor de terceiros. **O plenário do STF, em 18.10.2017, decidiu que não é possível regularizar terras de quilombolas em favor de terceiros.**

No que tange ao art. 13 da Lei n° 11.952/2009, o ponto central dizia respeito à dispensa de vistoria, e, consequentemente, a uma proteção deficiente, além de um convite às fraudes e aos conflitos fundiários. **O plenário do STF decidiu que somente de forma fundamentada poderia ocorrer a dispensa de vistoria prévia para regularização de pequenas propriedades rurais (HAVRENNE, 2018b).**

---

ocupadas por população indígena; (...)§ 2° As terras ocupadas por comunidades quilombolas ou tradicionais que façam uso coletivo da área serão regularizadas de acordo com as normas específicas, aplicando-se-lhes, no que couber, os dispositivos desta Lei.
Art. 13. Os requisitos para a regularização fundiária dos imóveis de até 4 (quatro) módulos fiscais serão averiguados por meio de declaração do ocupante, sujeita a responsabilização nas esferas penal, administrativa e civil, dispensada a vistoria prévia. Parágrafo único. É facultado ao Ministério do Desenvolvimento Agrário ou, se for o caso, ao Ministério do Planejamento, Orçamento e Gestão determinar a realização de vistoria de fiscalização do imóvel rural na hipótese prevista no *caput* deste artigo.
Art. 15. O título de domínio ou, no caso previsto no § 4° do art. 6°, o termo de concessão de direito real de uso deverão conter, entre outras, cláusulas sob condição resolutiva pelo prazo de 10 (dez) anos, que determinem: I – o aproveitamento racional e adequado da área; (...) § 1° Na hipótese de pagamento por prazo superior a 10 (dez) anos, a eficácia da cláusula resolutiva prevista no inciso V do *caput* deste artigo estender-se-á até a integral quitação. (...) § 4° Desde que o beneficiário originário esteja cumprindo as cláusulas resolutivas, decorridos 3 (três) anos da titulação, poderão ser transferidos títulos referentes a áreas superiores a 4 (quatro) módulos fiscais, se a transferência for a terceiro que preencha os requisitos previstos em regulamento. § 5° A transferência dos títulos prevista no § 4° somente será efetivada mediante anuência dos órgãos expedidores.

Em relação ao art. 15 do diploma normativo, a discussão recaia sobre o dever de proteção ao meio ambiente, bem como sobre a falta de isonomia na transferência de títulos referentes a áreas superiores a quatro módulos fiscais. **O Plenário do STF julgou prejudicado o pedido da PGR, uma vez que a Lei n° 13.465/2017 modificou o art. 15 da Lei n° 11.952/2009.**

O acórdão do STF sobre a ADI n° 4.269/DF foi publicado no *DJE* em 01.02.2019, com o seguinte teor:

> AÇÃO DIRETA DE INCONSTITUCIONALIDADE. DIREITO CONSTITUCIONAL E ADMINISTRATIVO. REGULARIZAÇÃO FUNDIÁRIA DAS TERRAS DE DOMÍNIO DA UNIÃO NA AMAZÔNIA LEGAL. IMPUGNAÇÃO AOS ARTIGOS 4°, § 2°, 13, 15, INCISO I, §§ 2°, 4° E 5°, DA LEI N° 11.952/2009. PREJUÍZO PARCIAL DA AÇÃO. ALTERAÇÃO SUBSTANCIAL E REVOGAÇÃO DE DISPOSITIVOS PROMOVIDA POR LEI SUPERVENIENTE. ADEQUADA PROTEÇÃO ÀS TERRAS QUILOMBOLAS E DE OUTRAS COMUNIDADES TRADICIONAIS AMAZÔNICAS. INCONSTITUCIONALIDADE DA INTERPRETAÇÃO QUE CONCEDE ESSAS TERRAS A TERCEIROS. INTERPRETAÇÃO CONFORME À CONSTITUIÇÃO. ARTIGOS 216, INCISO II, DO TEXTO CONSTITUCIONAL E 68 DO ADCT. AUSÊNCIA DE VISTORIA PRÉVIA NA REGULARIZAÇÃO DE IMÓVEIS DE ATÉ QUATRO MÓDULOS FISCAIS. PROTEÇÃO DEFICIENTE AO MEIO AMBIENTE SE DESACOMPANHADA DE MEIOS EFICAZES PARA FISCALIZAÇÃO DOS REQUISITOS DE INGRESSO NO PROGRAMA TERRA LEGAL. INTERPRETAÇÃO CONFORME À CONSTITUIÇÃO. RESPEITO AO ARTIGO 225, CAPUT, DA CONSTITUIÇÃO.

1. Há prejuízo parcial da ação direta de inconstitucionalidade quando lei superveniente promova alteração substancial ou revogue dispositivo impugnado em demanda de controle concentrado, conforme jurisprudência pacífica desta Corte. No caso, a superveniência da Lei nº 13.465, de 11 de julho de 2017, alterou a redação do artigo 15, inciso I e § 2º, bem como revogou expressamente seus §§ 4º e 5º, circunstância que impede o conhecimento da ação, no ponto.

2. O direito ao meio ambiente equilibrado foi assegurado pela Constituição da República, em seu artigo 225, bem como em diversos compromissos internacionais do Estado Brasileiro. A região amazônica, dada a diversidade biológica, cultural, etnográfica e geológica, mereceu tutela especial do constituinte, tornando-se imperiosa a observância do desenvolvimento sustentável na região, conjugando a proteção à natureza e a sobrevivência humana nas áreas objeto de regularização fundiária.

3. Revela-se de importância ímpar a promoção de regularização fundiária nas terras ocupadas de domínio da União na Amazônia Legal, de modo a assegurar a inclusão social das comunidades que ali vivem, por meio da concessão de títulos de propriedade ou concessão de direito real de uso às áreas habitadas, redução da pobreza, acesso aos programas sociais de incentivo à produção sustentável, bem como melhorando as condições de fiscalização ambiental e responsabilização pelas lesões causadas à Floresta Amazônica.

4. O artigo 4º, § 2º da Lei nº 11.952/2009 vai de encontro à proteção adequada das terras dos remanescentes de comunidades quilombolas e das demais comunidades tradicionais amazônicas, ao permitir interpretação que possibilite a regularização dessas áreas em desfavor

do modo de apropriação de território por esses grupos, sendo necessária interpretação conforme aos artigos 216, I, da Constituição, e 68 do ADCT, para assegurar a relação específica entre comunidade, identidade e terra que caracteriza os povos tradicionais.

5. Exige interpretação conforme à Constituição a previsão do artigo 13 da Lei nº 11.952/2009, ao dispensar a vistoria prévia nos imóveis rurais de até quatro módulos fiscais, a fim de que essa medida de desburocratização do procedimento seja somada à utilização de todos os meios eficazes de fiscalização do meio ambiente, como forma de tutela à biodiversidade e inclusão social dos pequenos proprietários que exercem cultura efetiva na área.

6. Ação Direta de Inconstitucionalidade conhecida parcialmente e, na parte conhecida, julgada parcialmente procedente (grifos nossos).

Em síntese, a regularização fundiária rural na Amazônia Legal é cercada de peculiaridades, devendo ser compatibilizados diversos interesses, como a proteção ao meio ambiente, a erradicação da pobreza, a proteção das minorias, o desenvolvimento socioeconômico e a proteção das fronteiras.

7

Meio ambiente e questões agrárias

7.1 Regularização fundiária e unidades de conservação

A regularização fundiária de unidades de conservação (UCs) pode ser inserida na concepção ampla de regularização fundiária, em que se busca efetivar o cumprimento da função social da propriedade, de terras públicas ou privadas, bem como regular a melhor forma de aproveitamento das mesmas.

O Direito Agrário tem um vínculo umbilical com o Direito Ambiental, na medida em que o espaço de produção deve obrigatoriamente atender à dimensão ambiental da função social. Não há como não se compatibilizar o desenvolvimento econômico com a preservação ambiental.

Nesse contexto, **as UCs são espaços territoriais protegidos pelos Estados, em virtude de características ambientais relevantes**.

Como a questão ambiental não se limita a um país ou local específico, **mas é alvo de proteção mundial, existe um dever de solidariedade entre os povos, a fim de se resguardar o** meio ambiente saudável (HAVRENNE, 2018b), considerado um direito humano de 3ª geração. Os direitos humanos são classificados pela doutrina em: 1ª geração – direitos civis e políticos; 2ª geração – direitos econômicos e sociais; e 3ª geração – direitos difusos, seguindo-se o lema da Revolução Francesa (liberdade, igualdade e fraternidade). Alguns autores, como Paulo Bonavides (2008), asseveram que há direitos de 4ª geração, que são o direito à democracia, à informação e ao pluralismo.

Há diversos tratados internacionais, que estipularam regras de proteção internacional para o meio ambiente. Um dos mais importantes, como já visto no tópico sobre o desenvolvimento sustentável (item 2.2.4), foi a Declaração do Meio Ambiente de 1972, em Estocolmo.

Nessa declaração, **ficou claro que o meio ambiente possui natureza jurídica de direitos humanos, além de que a sua proteção trata-se de um dever internacional.** A fim ilustrativo, citem-se os princípios 1 e 24 da referida Declaração:

> Princípio 1
>
> O homem tem o direito fundamental à liberdade, à igualdade e ao desfrute de condições de vida adequadas em um meio ambiente de qualidade tal que lhe permita levar uma vida digna e gozar de bem-estar, tendo a solene obrigação de proteger e melhorar o meio ambiente para as gerações presentes e futuras. A este respeito, as políticas que promovem ou perpetuam o apartheid, a segregação racial, a discriminação, a opressão colonial e outras formas de opressão e de dominação estrangeira são condenadas e devem ser eliminadas.
>
> ....

Princípio 24

Todos os países, grandes e pequenos, devem ocupar-se com espírito e cooperação e em pé de igualdade das questões internacionais relativas à proteção e melhoramento do meio ambiente. É indispensável cooperar para controlar, evitar, reduzir e eliminar eficazmente os efeitos prejudiciais que as atividades que se realizem em qualquer esfera, possam ter para o meio ambiente, mediante acordos multilaterais ou bilaterais, ou por outros meios apropriados, respeitados a soberania e os interesses de todos os estados.

A criação de unidades de conservação, dessa forma, faz parte de uma estratégia de proteção ambiental (OLIVEIRA, 2010), havendo relação direta entre a criação delas e a preservação de recursos naturais, como a água e as florestas. Isto ocorre, já que o interesse coletivo na proteção ambiental deve preponderar sobre os interesses de particulares que tenham imóveis rurais nestas áreas (BRASIL, 2014).

Não obstante, **há casos em que é necessário compatibilizar interesses. A presença de comunidades tradicionais nas unidades de conservação gera um dever de sopesamento entre os direitos fundamentais desses grupos, garantidos constitucionalmente, e a preservação ambiental (HAVRENNE, 2018b).**

Trata-se, pois, de um tema complexo, que merece apreciação em separado.

7.1.1 Características gerais das UCs

A criação de espaços especialmente protegidos é uma das estratégias, a fim de promover o respeito ao direito ao meio ambiente ecologicamente equilibrado.

A CF/1988 impõe tal dever a todos, Poder Público e coletividade, de forma expressa:

> Art. 225. Todos têm direito ao meio ambiente ecologicamente equilibrado, bem de uso comum do povo e essencial à sadia qualidade de vida, impondo-se ao Poder Público e à coletividade o dever de defendê-lo e preservá-lo para as presentes e futuras gerações.
>
> § 1º Para assegurar a efetividade desse direito, incumbe ao Poder Público: (...)
>
> III – definir, em todas as unidades da Federação, espaços territoriais e seus componentes a serem especialmente protegidos, sendo a alteração e a supressão permitidas somente através de lei, vedada qualquer utilização que comprometa a integridade dos atributos que justifiquem sua proteção; (...)

As UCs foram criadas nessa conjuntura, sendo que a Lei nº 9.985/2000 instituiu o Sistema Nacional de Unidades de Conservação (SNUC).

A criação das UCs pode se dar por ato do Poder Público, consistente em lei ou decreto (art. 22 da Lei nº 9.985/2000). Já a sua extinção somente ocorre com a publicação de lei (art. 225, § 1º, III, da CF/1988).

Foi definida a UC como o

> espaço territorial e seus recursos ambientais, incluindo as águas jurisdicionais, com características naturais relevantes, legalmente instituído pelo Poder Público, com objetivos de conservação e limites definidos, sob regime especial de administração, ao qual se aplicam garantias adequadas de proteção (art. 2º, I) (grifos nossos).

A **natureza jurídica** da UC é de **limitação administrativa**, já que impõe a todos restrições ao uso da propriedade nela localizada. Trata-se da mesma natureza das áreas de preservação permanente ou de reserva legal instituídas pelo Poder Público (BRASIL, 2014).

Não obstante, muitas dessas UCs foram criadas em locais onde já existia ocupação humana.

A fim de regular a presença humana, em seus diferentes graus, em áreas especialmente protegidas, **foram instituídos dois grupos de UCS:**

a) proteção integral; e
b) uso sustentável.

Para as primeiras, a preservação da natureza é prioritária, não se admitindo a intervenção humana, salvo em casos esporádicos. Para as últimas, é admitida a ocupação humana, desde que os recursos naturais sejam utilizados de forma sustentável (HAVRENNE, 2018b).

A Lei nº 9.985/2000 apresenta a seguinte definição para esses dois grupos de UC:

a) "proteção integral: manutenção dos ecossistemas livres de alterações causadas por interferência humana, admitido apenas o uso indireto dos seus atributos naturais" (art. 2º, VI);
b) "uso sustentável: exploração do ambiente de maneira a garantir a perenidade dos recursos ambientais renováveis e dos processos ecológicos, mantendo a biodiversidade e os demais atributos ecológicos, de forma socialmente justa e economicamente viável" (art. 2º, XI).

Como unidades de proteção integral, a lei indica:

a) estação ecológica;
b) reserva biológica;
c) parque nacional;
d) monumento natural;
e) refúgio de vida silvestre (art. 8°).

As unidades de uso sustentável são as seguintes:

a) área de proteção ambiental;
b) Área de relevante interesse ecológico;
c) floresta nacional;
d) reserva extrativista;
e) reserva de fauna;
f) reserva de desenvolvimento sustentável; e
g) reserva particular do patrimônio natural (art. 14).

A regularização fundiária, em alguns casos, é difícil, como, por exemplo, no caso de propriedades particulares antes existentes quando da criação de uma unidade de conservação de proteção integral. Nesse grupo de UCs, como regra, não se admite a ocupação humana. Por outro lado, o Poder Público não promove a regularização fundiária, por meio da retomada do imóvel rural (por exemplo, pela desapropriação), uma vez que há necessidade de pagamento de indenização ao particular. Tudo isto, misturado a outros interesses, como o de comunidades tradicionais, traz um arcabouço bastante complexo, que necessita ser superado.

Diga-se que a Lei n° 9.985/2000 vigora há mais de 20 anos, sem que até o presente momento tenha sido promovida efetivamente a regularização fundiária das UCs.

7.1.2 Unidades de conservação e populações tradicionais

As populações tradicionais são aquelas que possuem um modo próprio de vida, com traços culturais diferenciados e vínculos com a terra como condição da própria existência.

Podem ser citados seringueiros, caiçaras, povos indígenas e quilombolas como exemplos de povos tradicionais.

Nos termos do Decreto n° 6.040/2007, que institui a Política Nacional de Desenvolvimento Sustentável dos Povos e Comunidades Tradicionais, **define-se povos tradicionais da seguinte maneira:**

> I – Povos e Comunidades Tradicionais: grupos culturalmente diferenciados e que se reconhecem como tais, que possuem formas próprias de organização social, que ocupam e usam territórios e recursos naturais como condição para sua reprodução cultural, social, religiosa, ancestral e econômica, utilizando conhecimentos, inovações e práticas gerados e transmitidos pela tradição; (...)

Com efeito, os vínculos criados com a terra pelas comunidades tradicionais são diferenciados, diversos da lógica mercantil, típica dos grupos majoritários.

Ademais, a CF/1988 garante a esses grupos minoritários o respeito à sua identidade, formas de expressão, modos de criar, fazer e viver, criações científicas, artísticas e tecnológicas, obras, objetos, documentos, edificações, conjuntos urbanos e sítios de valor histórico, tudo isto fazendo parte do patrimônio cultural do Estado Brasileiro (art. 216 da CF/1988).

Ao mesmo tempo, a CF/1988 garante o meio ambiente ecologicamente equilibrado (art. 225).

O Brasil assumiu compromissos internacionais para resguardar os direitos desses povos tradicionais.

Na Convenção n° 169 da Organização Internacional do Trabalho (OIT), o Brasil se comprometeu a consultar previamente, com boa-fé, os povos tradicionais, nos atos que lhes afetem, sendo ainda excepcional a possibilidade de reassentamento dos mesmos (arts. 6° e 16 da Convenção n° 169 da OIT) (HAVRENNE, 2018b).

Dessa forma, deve-se respeitar a multiplicidade cultural e o meio ambiente, conjugando, sempre que possível, esses dois direitos fundamentais.

Com esse espírito, foi aprovado o Enunciado n° 25 pela 6ª Câmara de Coordenação e Revisão (CCR) do Ministério Público Federal (MPF):

> Enunciado nº 25: Os direitos territoriais dos povos indígenas, quilombolas e outras comunidades tradicionais têm fundamento constitucional (art. 215, art. 216 e art. 231 da CF 1988; art. 68 ADCT/CF) e convencional (Convenção nº 169 da OIT). **Em termos gerais, a presença desses povos e comunidades tradicionais tem sido fator de contribuição para a proteção do meio ambiente. Nos casos de eventual colisão, as categorias da Lei nº 9.985 não podem se sobrepor aos referidos direitos territoriais, havendo a necessidade de harmonização entre os direitos em jogo.** Nos processos de equacionamento desses conflitos, as comunidades devem ter assegurada a participação livre, informada e igualitária. Na parte em que possibilita a remoção de comunidades tradicionais, o artigo 42 da Lei nº 9.985 é inconstitucional, contrariando ainda normas internacionais de hierarquia supralegal. Criado no XIV Encontro Nacional da 6ª CCR em 5.12.2014 (grifos nossos).

De fato, a existência de comunidades tradicionais em espaços ambientalmente protegidos ajuda na conservação do meio ambiente, devendo existir, como regra, compatibilização dos interesses envolvidos.

7.2 Demais espaços protegidos

Além da Lei do SNUC (Lei nº 9.985/2000), o Código Florestal estipula normas gerais sobre proteção da vegetação, áreas de preservação permanente e áreas de reserva legal.

As áreas de preservação permanente (APP) consistem em

> área protegida, coberta ou não por vegetação nativa, com a função ambiental de preservar os recursos hídricos, a paisagem, a estabilidade geológica e a biodiversidade, facilitar o fluxo gênico de fauna e flora, proteger o solo e assegurar o bem-estar das populações humanas (art. 3º, II) (grifos nossos).

Trata-se de conceito extremamente importante, já que **a APP também tem natureza de limitação administrativa**. O interesse público na preservação deste local prepondera sobre eventual interesse particular.

Além disso, o Código Florestal apresenta, no seu art. 4º, um rol com as áreas de preservação permanente, **independentemente de declaração do Poder Público**. São elas:

> Art. 4º Considera-se Área de Preservação Permanente, em zonas rurais ou urbanas, para os efeitos desta Lei:
>
> I – as faixas marginais de qualquer curso d'água natural perene e intermitente, excluídos os efêmeros, desde a borda da calha do leito regular, em largura mínima de: (Incluído pela Lei nº 12.727, de 2012.)

a) 30 (trinta) metros, para os cursos d'água de menos de 10 (dez) metros de largura;

b) 50 (cinquenta) metros, para os cursos d'água que tenham de 10 (dez) a 50 (cinquenta) metros de largura;

c) 100 (cem) metros, para os cursos d'água que tenham de 50 (cinquenta) a 200 (duzentos) metros de largura;

d) 200 (duzentos) metros, para os cursos d'água que tenham de 200 (duzentos) a 600 (seiscentos) metros de largura;

e) 500 (quinhentos) metros, para os cursos d'água que tenham largura superior a 600 (seiscentos) metros;

II – as áreas no entorno dos lagos e lagoas naturais, em faixa com largura mínima de:

a) 100 (cem) metros, em zonas rurais, exceto para o corpo d'água com até 20 (vinte) hectares de superfície, cuja faixa marginal será de 50 (cinquenta) metros;

b) 30 (trinta) metros, em zonas urbanas;

III – as áreas no entorno dos reservatórios d'água artificiais, decorrentes de barramento ou represamento de cursos d'água naturais, na faixa definida na licença ambiental do empreendimento; (Incluído pela Lei nº 12.727, de 2012.) (*Vide* ADC Nº 42.) (*Vide* ADIN Nº 4.903.)

IV – as áreas no entorno das nascentes e dos olhos d'água perenes, qualquer que seja sua situação topográfica, no raio mínimo de 50 (cinquenta) metros; (Redação dada pela Lei nº 12.727, de 2012.) (*Vide* ADIN Nº 4.903.)

V – as encostas ou partes destas com declividade superior a 45°, equivalente a 100% (cem por cento) na linha de maior declive;

VI – as restingas, como fixadoras de dunas ou estabilizadoras de mangues;

VII – os manguezais, em toda a sua extensão;

VIII – as bordas dos tabuleiros ou chapadas, até a linha de ruptura do relevo, em faixa nunca inferior a 100 (cem) metros em projeções horizontais;

IX – no topo de morros, montes, montanhas e serras, com altura mínima de 100 (cem) metros e inclinação média maior que 25º, as áreas delimitadas a partir da curva de nível correspondente a 2/3 (dois terços) da altura mínima da elevação sempre em relação à base, sendo esta definida pelo plano horizontal determinado por planície ou espelho d'água adjacente ou, nos relevos ondulados, pela cota do ponto de sela mais próximo da elevação;

X – as áreas em altitude superior a 1.800 (mil e oitocentos) metros, qualquer que seja a vegetação;

XI – em veredas, a faixa marginal, em projeção horizontal, com largura mínima de 50 (cinquenta) metros, a partir do espaço permanentemente brejoso e encharcado. (Redação dada pela Lei nº 12.727, de 2012.)

Trata-se de **rol não exaustivo**, e que merece proteção especial, tendo em vista sua função ambiental extremamente relevante.

Além dessas APPs, o Código Florestal indica que as áreas cobertas com florestas ou outras formas de vegetação, com destinação indicada no art. 6º, serão consideradas APP, **desde que declaradas por interesse social por ato do Chefe do Poder Executivo. O rol do art. 6º contempla:**

I – conter a erosão do solo e mitigar riscos de enchentes e deslizamentos de terra e de rocha;

II – proteger as restingas ou veredas;

III – proteger várzeas;

IV – abrigar exemplares da fauna ou da flora ameaçados de extinção;

V – proteger sítios de excepcional beleza ou de valor científico, cultural ou histórico;

VI – formar faixas de proteção ao longo de rodovias e ferrovias;

VII – assegurar condições de bem-estar público;

VIII – auxiliar a defesa do território nacional, a critério das autoridades militares;

IX – proteger áreas úmidas, especialmente as de importância internacional. (Incluído pela Lei nº 12.727, de 2012.)

Aqui, ao contrário das áreas previstas no art. 4º, **há necessidade de declaração de interesse social por ato do chefe do Executivo, que pode ser o Prefeito, o Governador ou o Presidente.**

Importante salientar que os Estados, o Distrito Federal e os Municípios também podem criar APPs, tendo em vista as peculiaridades locais, a fim de que seja preservado o meio ambiente (AMADO, 2011).

Como as APPs são importantes para o meio ambiente, a supressão de vegetação é algo excepcional, que somente ocorrerá nas hipóteses de utilidade pública, de interesse social ou de baixo impacto ambiental (art. 8º).

Dessa forma, há obrigação do proprietário, possuidor ou ocupante em manter a vegetação situada em APP (art. 7º).

Um dos grandes problemas ambientais está na ocupação indevida e destruição de vegetação nas APPs. Incidindo a presente hipótese, dentre outros legitimados, o Ministério Público, que tem por função zelar pelos interesses sociais indisponíveis (art. 127 da CF/1988), poderá propor ação civil pública (Lei nº 7.347/1985), a fim de resguardar o meio ambiente.

Até mesmo o cidadão poderá promover a ação popular para a proteção do meio ambiente (art. 5º, LXXIII, da CF/1988, e Lei nº 4.717/1965).

Questão importante diz respeito à responsabilidade cível daquele que adquiriu a área com infração à APP. **Neste caso, em se tratando de obrigação *propter rem*, que acompanha o imóvel, o adquirente responde pela ocupação irregular ou dano causado pelo antigo proprietário.** Veja-se, neste sentido, o recente julgado do Tribunal Regional Federal (TRF) da 3ª Região:

> PROCESSO CIVIL. DIREITO AMBIENTAL. AÇÃO CIVIL PÚBLICA. **OCUPAÇÃO IRREGULAR EM ÁREA DE PRESERVAÇÃO PERMANENTE. AUTO DE INFRAÇÃO AMBIENTAL.** REMESSA NECESSÁRIA E RECURSO DE APELAÇÃO DESPROVIDOS.
>
> 1. Trata-se de ação civil pública ajuizada pelo Ministério Público Federal em face de D.J.C. e de B.C.F., tendo em vista ocupação irregular em imóvel situado em área de preservação permanente, às margens do Rio Paraíba do Sul, cuja manutenção impede a regeneração natural da vegetação.
>
> 2. Em síntese, a parte autora requer que os demandados sejam compelidos a demolir as construções irregulares inseridas em área de preservação permanente; remover os materiais oriundos do desfazimento das construções para local adequado; recuperar a área degradada; pagar indenização por danos residuais, dano interino e dano moral coletivo.

3. Insta mencionar que deve ser conhecida, *ex officio*, a remessa oficial, uma vez que o artigo 19 da Lei nº 4.717/1965 (Lei de Ação Popular), segundo o qual: "a sentença que concluir pela carência ou pela improcedência da ação está sujeita ao duplo grau de jurisdição", deve ser aplicado analogicamente às ações civis públicas, pois tanto estas quanto as ações populares visam tutelar o patrimônio público *lato sensu*, estando ambas regidas pelo microssistema processual da tutela coletiva.

4. O artigo 225 da Carta Maior atesta que todos têm direito ao meio ambiente ecologicamente equilibrado, bem de uso comum do povo e essencial à sadia qualidade de vida, impondo-se ao Poder Público e à coletividade o dever de defendê-lo e preservá-lo para as presentes e futuras gerações.

5. **A obrigação de reparar os danos ambientais é considerada *propter rem*, sendo transmitida ao sucessor no caso de transferência de domínio ou posse do imóvel rural, nos termos do artigo 7º, § 2º, do novo Código Florestal.**

6. A fim de conferir uma maior proteção ao meio ambiente, a Lei nº 6.938/1981, denominada Lei da Política Nacional do Meio Ambiente, prevê que a responsabilidade civil por danos ambientais é objetiva, ou seja, independe da caracterização da culpa, além de ser fundada na teoria do risco integral, razão pela qual é incabível a aplicação de excludentes de responsabilidade para afastar a obrigação de reparar ou indenizar.

7. Nota-se que o imóvel está situado em espaço territorial especialmente protegido pelo Poder Público, que está gravado por obrigação *propter rem*, **de maneira que a alegação de preexistência de construções a posse não exime seu titular da obrigação de reparar e indenizar os danos ambientais, em face da inexistência de direito adquirido de poluir.**

> 8. Considerando que as construções implicaram a supressão de vegetação nativa e suas manutenções impediram ou, ao menos, dificultaram a regeneração natural, não havendo autorização estatal, **a mera manutenção de edificação em área de preservação permanente configura ilícito civil, passível de responsabilização por dano ecológico** *in re ipsa*.
> (...) (TRF 3ª Região, 3ª Turma, ApCiv – APELAÇÃO CÍVEL nº 0001297-74.2015.4.03.6118, Rel. Desembargador Federal Antonio Carlos Cedenho, julgado em 05.12.2020, *e-DJF3* Judicial 1, Data: 09.12.2020 – grifos nossos).

Com efeito, o adquirente de um imóvel, que esteja em descompasso com a legislação ambiental, não pode se eximir de reparar o dano ambiental, com a alegação de que ele foi causado pelo antigo proprietário. Tratando-se de obrigação *propter rem*, ela acompanha o imóvel rural, permanecendo o dever de recuperar o meio ambiente ao atual proprietário.

Por óbvio, eventual infração ambiental, de cunho criminal, causada pelo antigo proprietário, possuidor ou ocupante, não se transfere para o novo adquirente. No campo penal, vigora o princípio da intranscendência (ou pessoalidade, personalidade ou intransmissibilidade) da pena (art. 5º, XLV, da CF/1988). Além disto, no campo penal, há a responsabilidade subjetiva para fins de imputação da pena. De forma diversa, no campo da responsabilidade civil ambiental, ela é de natureza objetiva.

Outra questão envolvendo APPs diz respeito às áreas ocupadas indevidamente, em contrariedade ao regime das APPs, mas que já estão consolidadas.

Nesses casos, o art. 61-A dispõe que

nas Áreas de Preservação Permanente, é autorizada, exclusivamente, a continuidade das atividades agrossilvipastoris, de ecoturismo e de turismo rural em áreas rurais consolidadas até 22 de julho de 2008.

Além das APPs, é importante estudar a **reserva legal**. Ela é a área localizada no interior de uma propriedade ou posse rural, com a função de assegurar o uso econômico de modo sustentável dos recursos naturais do imóvel rural, auxiliar a conservação e a reabilitação dos processos ecológicos e promover a conservação da biodiversidade, bem como o abrigo e a proteção de fauna silvestre e da flora nativa (art. 3°, III).

Note-se que, de forma diversa das APPs, que existem tanto na zona urbana ou na rural (art. 4°), a reserva legal incide somente sobre a propriedade ou posse rural.

Ela possui **percentuais mínimos em relação à área total do imóvel,** de forma diversa das APPs. Este percentual é o seguinte:

> Art. 12. Todo imóvel rural deve manter área com cobertura de vegetação nativa, **a título de Reserva Legal,** sem prejuízo da aplicação das normas sobre as Áreas de Preservação Permanente, observados os seguintes percentuais mínimos em relação à área do imóvel, excetuados os casos previstos no art. 68 desta Lei: (Redação dada pela Lei nº 12.727, de 2012.)
>
> **I – localizado na Amazônia Legal:**
>
> **a) 80% (oitenta por cento), no imóvel situado em área de florestas;**
>
> **b) 35% (trinta e cinco por cento), no imóvel situado em área de cerrado;**
>
> **c) 20% (vinte por cento), no imóvel situado em área de campos gerais;**

II – localizado nas demais regiões do País: 20% (vinte por cento) (grifos nossos).

Ainda, a reserva legal deve ser conservada pelo proprietário do imóvel rural, possuidor ou ocupante a qualquer título, seja pessoa física ou jurídica, de direito público ou privado (art. 17).

Acrescente-se que a reserva legal admite exploração econômica, mediante manejo sustentável, previamente aprovado pelo órgão competente do Sisnama (art. 17, § 1º).

Por fim, **tanto as APPs como as áreas de reserva legal devem ser informadas no CAR, que é um registro público eletrônico de âmbito nacional, obrigatório para todos os imóveis rurais.** O propósito de criação do CAR é o de compor base de dados para controle, monitoramento, planejamento ambiental e econômico, e combate ao desmatamento (art. 29).

Quadro comparativo de APP e reserva legal

APP	Reserva legal
Presente nas zonas urbanas e rurais	Somente em propriedade ou posse rural
Inexistência de percentuais mínimos	Existência de percentuais mínimos, que variam conforme a localização do imóvel rural
Possibilidade de criação por ato do chefe do Executivo	Criada por lei
A supressão de vegetação, como regra, somente ocorrerá nas hipóteses de utilidade pública, de interesse social ou de baixo impacto ambiental	Admite-se exploração econômica por manejo sustentável

8

Regularização fundiária e minorias

8.1 Princípio de proteção das minorias

A CF/1988 inovou no tratamento dado às minorias. Passou-se de uma concepção de assimilação para uma ideia de reconhecimento e respeito às diferenças (HAVRENNE, 2018a).

O Estado brasileiro, nessa perspectiva, é pluriétnico, nas palavras de Deborah Pereira (2002):

> A Constituição de 1988 representa uma clivagem em relação ao sistema constitucional pretérito, uma vez que reconhece o Estado brasileiro como pluriétnico, e não mais pautado em pretendidas homogeneidades, garantidas ora por uma perspectiva de assimilação, mediante a qual sub-repticiamente se instalam entre os diferentes grupos étnicos novos gostos e hábitos, corrompendo-os e levando-os a renegarem a si próprios ao eliminar o específico de sua identidade, ora submetendo-os forçadamente à invisibilidade.

Em diversos dispositivos, **a CF/1988 reconhece essa diversidade de grupos formadores da sociedade brasileira**, garantindo a preservação da sua identidade, modos de viver, fazer, dentre outros (art. 216 da CF/1988).

Não só índios e quilombolas têm seus direitos assegurados, mas também os ciganos, os caiçaras, os seringueiros, os quebradores de babaçu, e demais grupos que mantenham laços culturais, sociais, econômicos diferenciados (HAVRENNE, 2018b).

Nesse contexto, o Decreto nº 6.040/2007, que dispõe sobre a Política Nacional de Desenvolvimento Sustentável dos Povos e Comunidades Tradicionais, traz dois conceitos fundamentais, quais sejam:

> I – Povos e Comunidades Tradicionais: grupos culturalmente diferenciados e que se reconhecem como tais, que possuem formas próprias de organização social, que ocupam e usam territórios e recursos naturais como condição para sua reprodução cultural, social, religiosa, ancestral e econômica, utilizando conhecimentos, inovações e práticas gerados e transmitidos pela tradição;
>
> II – Territórios Tradicionais: os espaços necessários a reprodução cultural, social e econômica dos povos e comunidades tradicionais, sejam eles utilizados de forma permanente ou temporária, observado, no que diz respeito aos povos indígenas e quilombolas, respectivamente, o que dispõem os arts. 231 da Constituição e 68 do Ato das Disposições Constitucionais Transitórias e demais regulamentações; (...)

Veja que o decreto reafirmou o direito ao reconhecimento das formas próprias de organização social, dos territórios e recursos naturais destes povos tradicionais. Ele está em consonância com a CF/1988 e diversos compromissos internacionais assinados pelo Brasil sobre o tema, como a Convenção n° 169 da OIT.

Frise-se que, para muitos dos povos tradicionais, o território se apresenta como condição para sua reprodução cultural, social, religiosa, ancestral e econômica, utilizando conhecimentos, inovações e práticas gerados e transmitidos pela tradição.

Não se segue a lógica dos grupos "civilizados", em que a terra tem unicamente valor comercial, sendo tratada como mercadoria. Ao revés, a terra é intrinsecamente ligada à vida. A retirada destes grupos da terra onde habitam pode levar a própria morte deles. Em outras palavras, a retirada destes povos tradicionais das terras que ocupam pode levar a própria extinção da identidade cultural que os une.

Nesse sentido, veja-se a lição de Daniel Sarmento (2008):

> Mas não é só. Para comunidades tradicionais, a terra possui um significado completamente diferente da que ele apresenta para a cultura ocidental de massas. Não se trata apenas da moradia, que pode ser trocada pelo indivíduo sem maiores traumas, mas sim do elo que mantém a união do grupo, e que permite a sua continuidade no tempo através de sucessivas gerações, possibilitando a preservação da cultura, dos valores e do modo peculiar de vida da comunidade étnica.
>
> Privado da terra, o grupo tende a se dispersar e a desaparecer, absorvido pela sociedade envolvente. Portanto, não é só a terra que se perde, pois a identidade coletiva também periga sucumbir. Dessa forma, não é exagero afirmar que, quando se retira a terra de uma comunidade qui-

lombola, não se está apenas violando o direito à moradia dos seus membros. Muito mais que isso, se atenta contra a própria identidade étnica destas pessoas. Daí por que, o direito à terra dos remanescentes de quilombo é também um direito fundamental cultural (art. 215, CF).

A terra para os grupos tradicionais tem uma função especial. A Constituição Federal reconhece o direito desses povos ao seu modo de viver, sendo a terra um elemento essencial para tanto. **Desta maneira, a proteção de minorias se dá também pelo reconhecimento dos locais em que habitam.**

Por fim, a regularização fundiária no país deve ser efetivada, levando-se em conta os direitos fundamentais destes povos tradicionais.

8.2 Quilombolas

A CF/1988, no art. 68 da Ato das Disposições Constitucionais Transitórias (ADCT), dispõe que "Aos remanescentes das comunidades dos quilombos que estejam ocupando suas terras é reconhecida a propriedade definitiva, devendo o Estado emitir-lhes os títulos respectivos."

Os remanescentes de quilombolas são grupos étnicos que possuem algum traço de ancestralidade negra, descendentes daqueles que habitavam os quilombos.

Há forte ideia de opressão e resistência desses grupos, na medida em que os quilombolas buscavam contrariar o poder dominante, organizando-se nos quilombos (HAVRENNE, 2018b).

Como forma de reparação histórica pela discriminação contra esses povos tradicionais, o reconhecimento do direito à terra dos quilombolas é um destes meios (HAVRENNE, 2018b).

O Decreto nº 4.887/2003 regulamenta o procedimento para identificação, reconhecimento, delimitação, demarcação e titulação das terras ocupadas por remanescentes das comunidades dos quilombos.

Houve ajuizamento de Ação Direta de Inconstitucionalidade (ADI) nº 3.239, em 2004, perante o STF contra o Decreto nº 4.887/2003. Após mais de 13 anos de tramitação, em 08.02.2018, **o STF julgou improcedente, por maioria, referida ADI, reconhecendo o direito dos remanescentes de quilombolas às suas terras, sem a fixação de qualquer marco temporal** (HAVRENNE, 2018a).

Em outras palavras, não foi fixada uma data (como a da promulgação da CF/1988) para delimitar o reconhecimento do direito à terra.

Importante destacar, no que tange à identificação das comunidades quilombolas, que o critério seguido é o da **autoatribuição**. Em outras palavras, o próprio grupo tem o direito de se declarar como tal.

Quanto ao procedimento para o reconhecimento das terras ocupadas por remanescentes de quilombos, segue-se o que dispõe o Decreto nº 4.887/2003.

Em linhas básicas, há uma fase inicial em que se identifica uma possível área. É feito um Relatório Técnico de Identificação e Delimitação (RTID), sendo, no final, publicada uma Portaria de Reconhecimento e delimitação da área quilombola. **Se houver terras particulares no interior desta área, deverá ser promovida a desapropriação destas áreas, com ações ajuizadas pelo INCRA** (art. 13 do Decreto nº 4.887/2003).

Registre-se que essa desapropriação é diversa da desapropriação-sanção para fins de reforma agrária. No caso da desapropriação quilombola, a sua regulação essencial está prevista no art. 5º, XXIV, da CF/1988 e na Lei nº 4.132/1962. O pagamento é prévio e em dinheiro (HAVRENNE, 2018b). Na desapropriação-sanção, como já visto, o pagamento para a terra nua se dá em títulos da dívida agrária, com prazo de resgate em até 20 anos.

Por fim, **a titulação das terras quilombolas se dará pela expedição de título coletivo e pró-indiviso às comunidades quilombolas, com obrigatória inserção de cláusula de inalienabilidade, imprescritibilidade e impenhorabilidade (art. 17 do Decreto nº 4.887/2003).**

Enfim, a regularização fundiária de terras quilombolas é um direito fundamental desses grupos, reconhecido expressamente pela CF/1988, bem como por diversos tratados internacionais assinados pelo Brasil. Houve um fortalecimento destes direitos, com a recente decisão de 2018 do STF, que julgou improcedente a ADI que questionava a própria existência do Decreto nº 4.887/2003. Com tal decisão do STF, resta ao Estado brasileiro efetivar os direitos fundamentais dos quilombolas.

8.3 Índios

A regularização fundiária das áreas indígenas se insere no contexto de respeito aos direitos das minorias.

Como já colocado quando do estudo dos quilombolas, a CF/1988 alterou a concepção acerca dos direitos destas minorias, passando da ideia de assimilação para a de reconhecimento.

O Estatuto do Índio (Lei nº 6.001/1973) tem um viés retrógado, não condizente com o espírito da CF/1988, na medida em que indica o padrão da pessoa "civilizada" como supe-

rior ao dos demais povos. Estas deveriam integrar-se por meio da assimilação do padrão de cultura dominante. Veja-se:

> Art. 4º Os índios são considerados:
>
> I – Isolados – Quando vivem em grupos desconhecidos ou de que se possuem poucos e vagos informes através de contatos eventuais com elementos da comunhão nacional;
>
> II – Em vias de integração – Quando, em contato intermitente ou permanente com grupos estranhos, conservam menor ou maior parte das condições de sua vida nativa, mas aceitam algumas práticas e modos de existência comuns aos demais setores da comunhão nacional, da qual vão necessitando cada vez mais para o próprio sustento;
>
> III – Integrados – Quando incorporados à comunhão nacional e reconhecidos no pleno exercício dos direitos civis, ainda que conservem usos, costumes e tradições característicos da sua cultura.

Com efeito, tal concepção não se coaduna também com os compromissos internacionais a que o Brasil se submeteu.

Nesse sentido, cite-se a Convenção nº 169 da OIT, que apresenta a definição de indígenas no seu art. 1º, 1, *b*:

> b) aos povos em países independentes, considerados indígenas pelo fato de descenderem de populações que habitavam o país ou uma região geográfica pertencente ao país na época da conquista ou da colonização ou do estabelecimento das atuais fronteiras estatais e que, seja qual for sua situação jurídica, conservam todas as suas próprias instituições sociais, econômicas, culturais e políticas, ou parte delas.

Dessa forma, **os indígenas são aqueles que descendem de populações que habitavam os países na época da conquista ou da colonização**. Ainda, devem ser resguardadas a eles as suas instituições sociais, econômicas, culturais e políticas.

Ademais, de forma similar ao que ocorre com os quilombolas, a Convenção nº 169 da OIT aduz que o critério para identificação dos indígenas é o da **autoatribuição**. Neste diapasão, "a consciência de sua identidade indígena ou tribal deverá ser considerada como critério fundamental para determinar os grupos aos que se aplicam as disposições da presente Convenção." (art. 1º, 2).

Com a mesma visão, a CF/1988 reconhece a identidade cultural indígena, bem como resguarda os seus direitos.

No *caput* do art. 231, a CF/1988 aduz que

> são reconhecidos aos índios sua organização social, costumes, línguas, crenças e tradições, e os direitos originários sobre as terras que tradicionalmente ocupam, competindo à União demarcá-las, proteger e fazer respeitar todos os seus bens.

Veja-se que a terra é algo fundamental no reconhecimento da identidade indígena. Ela não tem conceito de mercadoria, ou viés econômico, mas, sim, um laço de afeto que une a vida dos índios aos seus territórios. Em outras palavras, a terra é o pilar de sobrevivência deles (HAVRENNE, 2018b).

A essa relação especial, que existe entre os povos indígenas e suas terras, dá-se o nome de indigenato.

Diga-se também que **o art. 20, XI, da CF/1988 aduz que são bens da União as terras tradicionalmente ocupadas pelos índios.**

Assim, a terra configura um direito fundamental, originário, dessas minorias, que faz parte da sua própria existência.

Um ponto bastante discutido quando se trata da regularização fundiária de direitos indígenas diz respeito à existência ou não de um marco temporal para o reconhecimento do direito originário sobre as terras.

O STF, no caso Raposa Serra do Sol (PET n° 3.388), decidiu que o marco para a ocupação pelos índios se deu com a CF/1988 (05.10.1988) (HAVRENNE, 2018b). Tal decisão não possui efeito vinculante para outros casos. No entanto, a fixação do marco temporal na CF/1988 é alvo de críticas por boa parte da doutrina, que se posiciona pela inexistência do marco temporal, ou mesmo para que ele seja fixado em outra data.

Quanto ao procedimento para a demarcação de terras indígenas, o Decreto n° 1.775/1996 prevê as suas regras essenciais.

Em linhas básicas, é feita a identificação da área. Após, é feito um laudo antropológico. Há necessidade de "consulta prévia" aos grupos indígenas, de maneira a respeitar a "boa-fé", com informações sobre as medidas propostas. Por fim, é indicada a área indígena a demarcar (HAVRENNE, 2018b).

Importante explicitar que, de forma diversa do que ocorre com a regularização fundiária quilombola, aqui não há que se falar em desapropriação das terras particulares que se encontram em terras indígenas, com pagamento de indenização (HAVRENNE, 2018b).

A própria CF/1988 aduz que as terras indígenas são inalienáveis, indisponíveis, e os direitos sobre elas, imprescritíveis (art. 231, § 4°).

Há, ainda, nos termos do art. 231, § 5°, da CF/1988, a vedação da

> remoção dos grupos indígenas de suas terras, salvo, *ad referendum* do Congresso Nacional, em caso de catástrofe ou epidemia que ponha em risco sua população, ou no interesse da soberania do País, após deliberação do Congresso Nacional, garantido, em qualquer hipótese, o retorno imediato logo que cesse o risco (grifos nossos).

Também, a CF/1988 estipula que

> são nulos e extintos, não produzindo efeitos jurídicos, os atos que tenham por objeto a ocupação, o domínio e a posse das terras a que se refere este artigo, ou a exploração das riquezas naturais do solo, dos rios e dos lagos nelas existentes, ressalvado relevante interesse público da União, segundo o que dispuser lei complementar, não gerando a nulidade e a extinção direito a indenização ou a ações contra a União, salvo, na forma da lei, quanto às benfeitorias derivadas da ocupação de boa-fé (art. 231, § 6° – grifos nossos).

A demarcação das terras indígenas, pois, constitui um ato de natureza meramente declaratória, já que reconhece um direito preexistente à demarcação (HAVRENNE, 2018b).

Haverá a homologação da demarcação por meio de Decreto (art. 5° do Decreto n° 1.775/1996), com a promoção do registro no cartório imobiliário e na Secretaria do Patrimônio da União (art. 6° do Decreto n° 1.775/1996).

Por fim, a **demarcação de terras indígenas é uma obrigação do Estado brasileiro, que poderá ser responsabilizado internacionalmente, caso não o faça.**

9

Contratos agrários

9.1 Introdução

O Código Civil de 2002 foi elaborado seguindo novos princípios norteadores, quais sejam, **a socialidade, a eticidade e a operabilidade**.

A socialidade consiste na preponderância do interesse coletivo sobre o exclusivamente individual. A eticidade diz respeito à boa-fé objetiva que deve regular as relações jurídicas. Por fim, a operabilidade visa a trazer uma maior efetividade para as normas jurídicas (ASSIS NETO, 2013).

Em se tratando de contratos, na linha do que dispõe a socialidade, houve mudança profunda na autonomia da vontade. Ela passou a ser relativizada, passando a haver um novo modelo de regulação, com base no **dirigismo estatal**.

Nesse contexto, veja-se o art. 421 do CC, que traz a necessidade de os contratantes respeitarem a **função social dos contratos**:

> Art. 421. A liberdade contratual será exercida nos limites da função social do contrato. (Redação dada pela Lei nº 13.874, de 2019.)

Parágrafo único. Nas relações contratuais privadas, prevalecerão o princípio da intervenção mínima e a excepcionalidade da revisão contratual. (Incluído pela Lei nº 13.874, de 2019.)

Tal inovação não fica restrita ao campo dos contratos em geral.

Como já visto, **no âmbito agrário, a interpretação das regras sempre deve levar em conta o interesse público.**

A natureza do Direito Agrário não é, mesmo no campo contratual, puramente privada.

Assim, no Direito Agrário, a autonomia privada deve ser analisada em conjunto com a indisponibilidade do direito social.

Em relação aos contratos agrários, há regras específicas no Estatuto da Terra (Lei nº 4.504/1964), bem como em seus regulamentos (Decretos nºs 55.891/1965 e 59.566/1966). Salvo tais especificidades, há a incidência dos princípios gerais que regem o direito comum nos contratos agrários, nos termos do art. 13 da Lei nº 4.947/1966.[1] E mais, há evidente-

---

[1] Art. 13. Os contratos agrários regulam-se pelos princípios gerais que regem os contratos de Direito comum, no que concerne ao acordo de vontade e ao objeto, observados os seguintes preceitos de Direito Agrário:
I – artigos 92, 93 e 94 da Lei nº 4.504, de 30 de novembro de 1964, quanto ao uso ou posse temporária da terra;
II – artigos 95 e 96 da mesma Lei, no tocante ao arrendamento rural e à parceria agrícola, pecuária, agroindustrial e extrativa;
III – obrigatoriedade de cláusulas irrevogáveis, estabelecidas pelo IBRA, que visem à conservação de recursos naturais;
IV – proibição de renúncia, por parte do arrendatário ou do parceiro não-proprietário, de direitos ou vantagens estabelecidas em leis ou regulamentos;
V – proteção social e econômica aos arrendatários cultivadores diretos e pessoais.
§ 1º O disposto neste artigo aplicar-se-á a todos os contratos pertinentes ao Direito Agrário e informará a regulamentação do Capítulo IV do Título III da Lei nº 4.504, de 30 de novembro de 1964.
§ 2º Os órgãos oficiais de assistência técnica e creditícia darão prioridade aos contratos agrários que obedecerem ao disposto neste artigo.

mente a necessidade de que os contratos agrários se subordinem às orientações gerais da função social, tais como dispostas no art. 186 da CF/1988. Trata-se da constitucionalização de normas civis de conteúdo agrário.

Com relação aos contratos agrários, **a doutrina os divide em contratos nominados, que são a parceria rural e o arrendamento rural, e inominados ou atípicos**, como o comodato rural, o pastoreio ou invernagem, o *leasing* agrário, dentre outros (COELHO, 2016).

Para qualquer modalidade contratual diversa dos contratos de arrendamento e parceria, que disciplinem o uso ou posse temporária da terra, serão observadas pelo proprietário do imóvel as regras aplicáveis ao arrendamento e à parceria (art. 39 do Decreto nº 59.566/1966).

9.2 Normatização, características contratuais, elementos obrigatórios e regras gerais

As regras gerais sobre os contratos agrários estão previstas nos arts. 92 a 96 do Estatuto da Terra (Lei nº 4.504/1964), bem como em seu regulamento (Decreto nº 59.566/1966).

Como características dos contratos agrários, a doutrina cita que eles são consensuais (consentimento das partes), bilaterais (obrigações recíprocas das partes), onerosos (ambas as partes buscam benefícios de similar equivalência), comutativos (benefícios certos de ambos os lados), de trato sucessivo (que perduram no tempo, como regra) e com indisponibilidade do interesse público (há que se respeitar certas cláusulas obrigatórias).

Ainda, o Estatuto da Terra dispõe que **os contratos agrários podem ser expressos ou tácitos (art. 92), escritos ou ver-**

bais (art. 12 do Decreto nº 59.566/1966). Na ausência do contrato, será admitida a prova testemunhal, bem como não será possível afastar as regras e características gerais dos contratos agrários presentes no Estatuto da Terra (§ 8º do art. 92).

Nos contatos escritos, há conteúdo obrigatório a ser observado (art. 12 do Decreto nº 59.566/1966), com as seguintes indicações:

I – lugar e data da assinatura do contrato;

II – nome completo e endereço dos contratantes;

III – características do arrendador ou do parceiro-outorgante (espécie, capital registrado e data da constituição, se pessoa jurídica, e, tipo e número de registro do documento de identidade, nacionalidade e estado civil, se pessoa física e sua qualidade (proprietário, usufrutuário, usuário ou possuidor);

IV – característica do arrendatário ou do parceiro-outorgado (pessoa física ou conjunto família);

V – objeto do contrato (arrendamento ou parceria), tipo de atividade de exploração e destinação do imóvel ou dos bens;

VI – identificação do imóvel e número do seu registro no Cadastro de imóveis rurais do IBRA (constante do Recibo de Entrega da Declaração, do Certificado de Cadastro e do Recibo do Imposto Territorial Rural);

VII – descrição da gleba (localização no imóvel, limites e confrontações e área em hectares e fração), enumeração das benfeitorias (inclusive edificações e instalações), dos equipamentos especiais, dos veículos, máquinas, implementos e animais de trabalho e, ainda, dos demais bens e/ou facilidades com que concorre o arrendador ou o parceiro-outorgante;

VIII – prazo de duração, preço do arrendamento ou condições de partilha dos frutos, produtos ou lucros havidos, com expressa menção dos modos, formas e épocas dêsse pagamento ou partilha;

IX – cláusulas obrigatórias com as condições enumeradas no art. 13 do presente Regulamento, nos arts. 93 a 96 do Estatuto da Terra e no art. 13 da Lei 4.947-66;

X – fôro do contrato;

XI – assinatura dos contratantes ou de pessoa a seu rôgo e de 4 (quatro) testemunhas idôneas, se analfabetos ou não poderem assinar.

Além disso, poderão ser estipuladas outras cláusulas, desde que respeitem o Estatuto da Terra, a Lei n° 4.947/1966 e o Decreto n° 59.566/1966.

De mais a mais, quanto aos elementos obrigatórios dos contratos agrários, eles se encontram basicamente no art. 13 do Decreto n° 59.566/1966, no art. 92 do Estatuto da Terra e no art. 186 da CF/1988.

Dentre esses elementos obrigatórios, destacam-se:

a) **conservação dos recursos naturais;**
b) **proteção social e econômica dos hipossuficientes;**
c) **observância de prazos mínimos da lei;**[2]

---

[2] Decreto n° 59.566/66: Art. 13. Nos contratos agrários, qualquer que seja a sua forma, contarão obrigatoriamente, clausulas que assegurem a conservação dos recursos naturais e a proteção social e econômica dos arrendatários e dos parceiros-outorgados a saber (Art. 13, incisos III e V da Lei n° 4.947-66);
(...)
II – Observância das seguintes normas, visando a conservação dos recursos naturais: a) prazos mínimos, na forma da alínea b, do inciso XI, do art. 95 e da alínea b, do inciso V, do art. 96 do Estatuto da Terra:
– de 3 (três), anos nos casos de arrendamento em que ocorra atividade de exploração de lavoura temporária e ou de pecuária de pequeno e médio porte; ou em todos os casos de parceria;

d) direito de indenização quanto às benfeitorias realizadas;

e) vedação ao proprietário de exigir do contratado: a prestação de serviço gratuito; exclusividade na venda dos frutos ou produtos; obrigatoriedade do beneficiamento da produção em determinado estabelecimento; obrigatoriedade de aquisição de gêneros e utilidades em determinados armazéns ou barracões; e aceitação de pagamento em ordens, vales, borós, ou qualquer outra forma regional substitutiva da moeda.

Veja-se que, nos contratos agrários, há fixação de prazo mínimo, que não será inferior a três anos.

Por fim, a extinção dos contratos agrários está prevista nos arts. 26 a 34 do Decreto nº 59.566/1966, destacando-se:

a) término do prazo contratual, que pode ocorrer por falta de iniciativa do interessado ou pelo não exercício do direito de preferência na renovação (arts. 95, IV, e 96, II, da Lei nº 4.504/1964);

b) retomada, em que o arrendador ou o parceiro-outorgante buscam o imóvel para exploração direta (arts. 22, § 2º, e 26, II, do Decreto nº 59.566/1966);

c) aquisição da gleba arrendada;

d) pelo distrato, que é o acordo mútuo de vontades;

e) pela rescisão, que é o término em virtude de inadimplemento de obrigação contratual;

f) pela resolução ou extinção do direito do arrendador ou

– de 5 (cinco), anos nos casos de arrendamento em que ocorra atividade de exploração de lavoura permanente e ou de pecuária de grande porte para cria, recria, engorda ou extração de matérias primas de origem animal;
– de 7 (sete), anos nos casos em que ocorra atividade de exploração florestal; (...) (grifos nossos).

parceiro-outorgante: presença de cláusula resolutiva, que extingue eventuais direitos contratuais;
g) por motivo de força maior, que são casos não previstos;
h) por sentença judicial irrecorrível;
i) pela perda do imóvel, como ocorre na inundação;
j) pela desapropriação;
k) por qualquer outra causa prevista em lei.

9.3 Contratos nominados

As duas espécies de contratos nominados agrários são o arrendamento e a parceria. Neste tópico, serão analisados o conceito, as partes, o objeto, a finalidade e os direitos/obrigações que decorrem de cada um deles.

9.3.1 Arrendamento

O **conceito** de contrato de arrendamento rural é expresso no art. 3º do Decreto nº 59.566/1966:

> Arrendamento rural é o contrato agrário pelo qual uma pessoa se obriga a ceder à outra, por tempo determinado ou não, o uso e gozo de imóvel rural, parte ou partes do mesmo, incluindo, ou não, outros bens, benfeitorias e/ou facilidades, com o objetivo de nêle ser exercida atividade de exploração agrícola, pecuária, agro-industrial, extrativa ou mista, mediante, certa retribuição ou aluguel, observados os limites percentuais da Lei.

Assemelha-se o arrendamento a uma locação de imóvel rural, para fins de exploração agrária, desde logo firmando-se a **obrigação certa de retribuição**.

Diante dessa característica, realça-se o **caráter de comutatividade do arrendamento rural**, ou seja, a remuneração do arrendador não depende do resultado obtido pelo arrendatário (SCAFF, 2017).

De início, **as partes do arrendamento rural são o arrendador**, a pessoa que cede o bem, **e o arrendatário**, quem recebe o bem.

É possível existir o subarrendamento, desde que presente tal previsão no contrato (art. 3º, § 1º, do Decreto nº 59.566/1966).

Com relação ao **objeto**, transfere-se **o uso e gozo de imóvel rural**[3] (dois dos poderes inerentes à propriedade, que contempla a possibilidade de usar, gozar, fruir, dispor e reaver), **em parte ou na totalidade, incluindo ou não bens, benfeitorias e facilidades.**

O uso diz respeito ao proveito que se pode tirar da propriedade, sem alterar a sua substância. Já o gozo liga-se à percepção dos frutos, à sua exploração econômica (DINIZ, 2011).

No que tange à finalidade do arrendamento rural, ele consiste na exploração agrícola, pecuária, agroindustrial, extrativa ou mista.

Agrícola se vincula à atividade de produção vegetal. Pecuária volta-se a criação, recriação, invernagem ou engorda de gado, que pode ser bovino, equino, ovino etc. Agroindustrial destina-se à transformação (beneficiamento) do produto agrí-

---

3. No art. 1.228 do CC, prevê-se: "O proprietário tem a faculdade de **usar, gozar e dispor** da coisa, e o direito de **reavê-la** do poder de quem quer que injustamente a possua ou detenha" (grifos nossos).
Conforme doutrina, indicam-se os poderes inerentes à propriedade como a possibilidade de usar, gozar, fruir, dispor e reaver. No arrendamento rural, somente se transfere o uso e a fruição.

cola, pecuário ou florestal. Extrativa relaciona-se à exploração e à extração de produtos agrícolas, animais ou espécimes florestais. Mista consiste no arrendamento que abrange mais de uma modalidade das indicadas (ex.: agrícola e pecuária).

Quanto aos **direitos e obrigações**, o Decreto n° 59.566/1966 elenca um rol deles nos arts. 40 a 46.

Como obrigações do arrendador e do arrendatário, a lei apresenta:

> Art. 40. O arrendador é obrigado:
>
> I – a entregar ao arrendatário o imóvel rural objeto do contrato, na data estabelecida ou segundo os usos e costumes da região;
>
> II – a garantir ao arrendatário o uso e gôzo do imóvel arrendado, durante todo o prazo do contrato (artigo 92, § 1°, do Estatuto da Terra);
>
> III – a fazer no imóvel, durante a vigência do contrato, as obras e reparos necessários;
>
> IV – a pagar as taxas, impostos, fôros e tôda e qualquer contribuição que incida ou venha incidir sôbre o imóvel rural arrendado, se de outro modo não houver convencionado.
>
> Art. 41. O arrendatário é obrigado:
>
> I – a pagar pontualmente o preço do arrendamento, pelo modo, nos prazos e locais ajustados;
>
> II – a usar o imóvel rural, conforme o convencionado, ou presumido, e a tratá-lo com o mesmo cuidado como se fôsse seu, não podendo mudar sua destinação contratual;
>
> III – a levar ao conhecimento do arrendador, imediatamente, qualquer ameaça ou ato de turbação ou esbulho

> que, contra a sua posse vier a sofrer, e ainda, de qualquer fato do qual resulte a necessidade da execução de obras e reparos indispensáveis à garantia do uso do imóvel rural;
>
> IV – a fazer no imóvel, durante a vigência do contrato, as benfeitorias úteis e necessárias, salvo convenção em contrário;
>
> V – a devolver o imóvel, ao término do contrato, tal como o recebeu com seus acessórios; salvo as deteriorações naturais ao uso regular. O arrendatário será responsável por qualquer prejuízo resultante do uso predatório, culposo ou doloso, quer em relação à área cultivada, quer em relação às benfeitorias, equipamentos, máquinas, instrumentos de trabalho e quaisquer outros bens a ele cedidos pelo arrendador.

Acrescente-se que o arrendatário tem o direito de preferência na aquisição do imóvel rural arrendado. Caso o proprietário tenha a intenção de alienar o imóvel, deverá notificar o arrendatário, para, no prazo de 30 dias, exercer o seu direito (art. 45 do Decreto nº 59.566/1966).

Em relação à **remuneração**, o Estatuto da Terra (art. 95, XII) indica que

> a remuneração do arrendamento, sob qualquer forma de pagamento, não poderá ser superior a 15% (quinze por cento) do valor cadastral do imóvel, incluídas as benfeitorias que entrarem na composição do contrato, salvo se o arrendamento for parcial e recair apenas em glebas selecionadas para fins de exploração intensiva de alta rentabilidade, caso em que a remuneração poderá ir até o limite de 30% (trinta por cento).

Noutras palavras, há um **limite de remuneração imposto pela lei**.

Ainda, diga-se que o risco do empreendimento corre por conta exclusiva do arrendatário.

Por fim, a jurisprudência entende que devem ser observados os direitos do arrendatário, nos termos dispostos na lei, como forma de proteção do hipossuficiente. Havendo descaracterização deles, não há que se falar em arrendamento rural. Veja-se:

DIREITO AGRÁRIO. PROCESSO CIVIL. RECURSO ESPECIAL. **DIREITO DE PREEMPÇÃO NA AQUISIÇÃO DO IMÓVEL RURAL (ART. 92, § 3º, DO ESTATUTO DA TERRA). EXCLUSIVIDADE DO ARRENDATÁRIO. REQUISITOS DO CONTRATO DE ARRENDAMENTO RURAL.** INOCORRÊNCIA. AUSÊNCIA DE TRANSMISSÃO DA POSSE. NATUREZA JURÍDICA DE LOCAÇÃO DE PASTAGEM. MATÉRIA FÁTICO-PROBATÓRIA. SÚM. 7/STJ. (...)

3. O direito de preferência previsto no Estatuto da Terra beneficia tão somente o arrendatário, como garantia do uso econômico da terra explorada por ele, sendo direito exclusivo do preferente.

4. Como instrumento típico de direito agrário, o contrato de arrendamento rural também é regido por normas de caráter público e social, de observação obrigatória e, por isso, irrenunciáveis, tendo como finalidade precípua a proteção daqueles que, pelo seu trabalho, tornam a terra produtiva e dela extraem riquezas, dando efetividade à função social da terra.

5. O prazo mínimo do contrato de arrendamento é um direito irrenunciável que não pode ser afastado pela vontade das partes sob pena de nulidade.

6. Consoante o pacificado entendimento desta Corte, não se faz necessário o registro do contrato de arrenda-

mento na matrícula do imóvel arrendado para o exercício do direito de preferência. Precedentes.

7. Na trilha dos fatos articulados, afasta-se a natureza do contrato de arrendamento para configurá-lo como locação de pastagem, uma vez que não houve o exercício da posse direta pelo tomador da pastagem, descaracterizando-se o arrendamento rural. Chegar à conclusão diversa demandaria o reexame do contexto fático-probatório dos autos, o que encontra óbice na Súmula nº 07 do STJ. (...) (REsp nº 1.339.432/MS, Rel. Ministro Luis Felipe Salomão, Quarta Turma, julgado em 16.04.2013, *DJe* 23.04.2013 – grifos nossos).

9.3.2 Parceria

O **conceito** de contrato de parceria rural é expresso no art. 4º do Decreto nº 59.566/1966:

Parceria rural é o contrato agrário pelo qual uma pessoa se obriga a ceder à outra, por tempo determinado ou não, o uso específico de imóvel rural, de parte ou partes do mesmo, incluindo, ou não, benfeitorias, outros bens e ou facilidades, com o objetivo de nêle ser exercida atividade de exploração agrícola, pecuária, agro-industrial, extrativa vegetal ou mista; e ou lhe entrega animais para cria, recria, invernagem, engorda ou extração de matérias primas de origem animal, mediante partilha de riscos do caso fortuito e da fôrça maior do empreendimento rural, e dos frutos, produtos ou lucros havidos nas proporções que estipularem, observados os limites percentuais da lei (artigo 96, VI, do Estatuto da Terra).

Aqui, de forma diversa do arrendamento rural, não há a transferência total dos riscos do empreendimento para o arrendatário. Em razão disto, **a parceria rural assemelha-se a um contrato de sociedade (SCAFF, 2017).**

A remuneração dependerá de resultado positivo e do grau de participação de cada uma das partes. E é justamente essa a razão da indicação do art. 96, VI, do Estatuto da Terra na definição da parceria rural, que prevê:

> Art. 96. Na parceria agrícola, pecuária, agro-industrial e extrativa, observar-se-ão os seguintes princípios: (...)
>
> VI – na participação dos frutos da parceria, a quota do proprietário não poderá ser superior a:
>
> a) 20% (vinte por cento), quando concorrer apenas com a terra nua; (Redação dada pela Lei nº 11.443, de 2007.)
>
> b) 25% (vinte e cinco por cento), quando concorrer com a terra preparada; (Redação dada pela Lei nº 11.443, de 2007.)
>
> c) 30% (trinta por cento), quando concorrer com a terra preparada e moradia; (Redação dada pela Lei nº 11.443, de 2007.)
>
> d) 40% (quarenta por cento), caso concorra com o conjunto básico de benfeitorias, constituído especialmente de casa de moradia, galpões, banheiro para gado, cercas, valas ou currais, conforme o caso; (Redação dada pela Lei nº 11.443, de 2007.)
>
> e) 50% (cinqüenta por cento), caso concorra com a terra preparada e o conjunto básico de benfeitorias enumeradas na alínea *d* deste inciso e mais o fornecimento de máquinas e implementos agrícolas, para atender aos tratos culturais, bem como as sementes e animais de tração,

e, no caso de parceria pecuária, com animais de cria em proporção superior a 50% (cinqüenta por cento) do número total de cabeças objeto de parceria; (Redação dada pela Lei nº 11.443, de 2007.)

f) 75% (setenta e cinco por cento), nas zonas de pecuária ultra-extensiva em que forem os animais de cria em proporção superior a 25% (vinte e cinco por cento) do rebanho e onde se adotarem a meação do leite e a comissão mínima de 5% (cinco por cento) por animal vendido; (Redação dada pela Lei nº 11.443, de 2007.)

g) nos casos não previstos nas alíneas anteriores, a quota adicional do proprietário será fixada com base em percentagem máxima de dez por cento do valor das benfeitorias ou dos bens postos à disposição do parceiro; (...)

Com efeito, deve-se ter em mente que a parceria rural gera uma **sociedade entre as partes contratantes.**

Na parceria rural, as partes são o parceiro-outorgante, a pessoa que cede o imóvel, e o parceiro-outorgado, quem desenvolve a atividade rural.

Com relação ao **objeto**, ele recai sobre o **uso específico de imóvel rural, de parte ou partes do mesmo, incluindo, ou não, benfeitorias, outros bens e/ou facilidades.**

O uso, como já apontado, diz respeito ao proveito que se tira da propriedade (DINIZ, 2011).

No que tange à finalidade da parceria rural, ela consiste na exploração agrícola, pecuária, agroindustrial, extrativa vegetal ou mista e/ou entrega animais para cria, recria, invernagem, engorda ou extração de matérias-primas de origem animal.

A noção de exploração agrícola, pecuária, agroindustrial, extrativa e mista é a mesma daquela apresentada para o contrato de arrendamento.

Quanto aos **direitos e obrigações**, o Decreto n° 59.566/1966 prevê que se aplicam à parceria, no que couber, as normas relativas aos arrendadores e arrendatários (art. 48).

Também, o parceiro-outorgante deve assegurar

> ao parceiro-outorgado que residir no imóvel rural, e para atender ao uso exclusivo da família dêste, casa de moradia higiênica e área suficiente para horta e criação de animais de pequeno porte (art. 48, § 1º).

Será possível ao parceiro-outorgante e ao parceiro-outorgado dispor sobre a transformação do contrato de parceria no de arrendamento (art. 50).

Ainda, a doutrina alude à **"falsa parceria"**, nas hipóteses em que há uma **forma camuflada de relação de trabalho, com subordinação, por meio de pagamento de parte em dinheiro** (art. 96, § 4°, da Lei n° 4.504/1964).

Por fim, veja-se jurisprudência sobre a parceria rural:

> RECURSO ESPECIAL. PARCERIA RURAL. PRODUÇÃO AVÍCOLA. CONTRATO AGROCIVIL. EXTINÇÃO DO VÍNCULO. PLANO DE SAÚDE COLETIVO. PARCEIRO OUTORGADO. MANUTENÇÃO COMO BENEFICIÁRIO. DESCABIMENTO. INEXISTÊNCIA DE RELAÇÃO DE EMPREGO. DISPENSA SEM JUSTA CAUSA. NÃO CONFIGURAÇÃO. ÂNIMO SOCIETÁRIO. DESEMPREGO INVOLUNTÁRIO. DESCARACTERIZAÇÃO.
>
> 1. Cinge-se a controvérsia a saber se a extinção do vínculo contratual de parceria rural para produção avícola garante ao parceiro outorgado a manutenção em plano de saúde coletivo instituído pela empresa cedente, aplicando-se ao caso o art. 30 da Lei n° 9.656/1998.

2. Na parceria rural para produção avícola, uma das partes (empresa cedente ou outorgante) fornece aves e a outra (parceiro outorgado, geralmente pessoa física ou conjunto familiar, representado pelo seu chefe) responsabiliza-se pelo alojamento, pela criação e engorda desses animais, havendo partilha dos riscos e dos resultados do empreendimento rural, segundo o avençado (arts. 96, § 1º, da Lei nº 4.504/1964, e 4º do Decreto nº 59.566/1966).

3. A natureza da parceria rural é de cunho agrocivil (e não trabalhista), ainda que haja a descaracterização para contrato de integração vertical, **pois predomina em ambos o ânimo societário, constituindo os contratantes um vínculo profissional com o intuito de gerar riquezas, compartilhando riscos e lucros do negócio jurídico, a afastar qualquer relação de emprego (art. 96, VI, do Estatuto da Terra).**

4. **É certo que podem existir fraudes e falsas parcerias rurais, mas a presença, ou não, por exemplo, de pessoalidade na prestação dos serviços, de poder diretivo e disciplinador da empresa quanto às atividades prestadas pelo parceiro outorgado (subordinação) e do dever de contraprestação remuneratória mínima independentemente do resultado do empreendimento, devem ser objeto de discussão na Justiça do Trabalho, competente para identificar a existência de vínculo empregatício.**

5. O direito previsto no art. 30 da Lei nº 9.656/1998, de manutenção como beneficiário em plano de saúde coletivo nas mesmas condições de que gozava quando da vigência do contrato de trabalho, está previsto apenas para o empregado demitido ou exonerado sem justa causa.

6. A exegese mais estrita do art. 30 da Lei nº 9.656/1998 se justifica, porquanto o foco de proteção legal é o estado de desemprego involuntário do trabalhador, que ocorre apenas nos casos de despedida sem justa causa e dispensa indireta (falta grave praticada pelo empregador), o que não se coaduna com a situação do parceiro outorgado, na qual impera o ânimo societário e associativo, assemelhando-se mais a um sócio-gerente, profissional liberal ou trabalhador autônomo do que a um empregado.

7. Não há ilegalidade na exclusão do parceiro outorgado do plano de saúde coletivo, porquanto a extinção de contrato com feições comerciais (parceria rural) não pode ser equiparada a uma dispensa sem justa causa de trabalhador submetido ao regime celetista (art. 30 da Lei nº 9.656/1998), tampouco enquadra-se como aposentadoria (art. 31 da Lei nº 9.656/1998).

8. Recurso especial não provido (REsp nº 1.541.045/RS, Rel. Ministro Ricardo Villas Bôas Cueva, Terceira Turma, julgado em 06.10.2015, *DJe* 15.10.2015 – grifos nossos).

10

Aspectos criminais do Direito Agrário

10.1 Introdução

O Direito Agrário estabelece vínculos com diversos ramos do Direito. Um deles, como já visto, é o Direito Penal.

A CF/1988 dispõe claramente que a reforma agrária é um direito constitucional e, pois, deve ser efetivamente implementada no país.

Há diversos atores que atuam para a implementação da reforma agrária, sendo os movimentos sociais um dos mais importantes.

Como já colocado anteriormente, **dada a falta de cumprimento das normas constitucionais pelo Estado, há uma lacuna que é, muitas das vezes, preenchida pelos movimentos sociais.**

A noção de propriedade absoluta, que ainda permeia a mente de boa parte dos latifundiários, também é um dos obstáculos a serem enfrentados pelos movimentos sociais.

A propriedade deve cumprir a função social. Não o fazendo, é justificável a busca pela desapropriação-sanção.

A pressão dos movimentos sociais para que o Estado cumpra a sua obrigação deve se dar por meios legítimos, como o diálogo, as ocupações (de imóveis rurais que descumprem a função social) e a participação na escolha de políticas agrárias. Não há suporte legal para as ações que desbordem da legalidade, como a invasão (presença de ilicitude) de imóveis públicos e particulares (que respeitem a função social), com a destruição do patrimônio.

Nesse sentido, será estudado no presente capítulo um crime peculiar, que é o de invasão de terras da União, dos Estados e dos Municípios, contido no art. 20 da Lei nº 4.947/1966.

Evidentemente, há inúmeros ilícitos penais que podem se configurar no campo da reforma agrária, como crimes ambientais (ex.: destruição de floresta em área protegida para a reforma agrária), estelionato (ex.: venda de terras por quem não é dono), corrupção (ex.: recebimento de propina por agentes públicos que atuam com a reforma agrária), crimes de falso (ex.: juntada de documentos falsos) etc.

No entanto, o foco do presente item será apresentar um crime específico, que está presente numa lei que fixa normas de Direito Agrário (Lei nº 4.947/1966), bem como o entendimento dos tribunais sobre a sua incidência.

10.2 Crime de invasão de terras da União, dos Estados e dos Municípios (art. 20 da Lei nº 4.947/1966)

O art. 20 da Lei nº 4.947/1966 prevê um tipo penal específico ligado à invasão de imóveis da União, dos Estados e dos Municípios, bem como à invasão de terras de órgãos federais, estaduais ou municipais, destinadas à reforma agrária. Veja-se:

> Art. 20. Invadir, com intenção de ocupá-las, terras da União, dos Estados e dos Municípios:
>
> Pena – Detenção de 6 meses a 3 anos.
>
> Parágrafo único. Na mesma pena incorre quem, com idêntico propósito, invadir terras de órgãos ou entidades federais, estaduais ou municipais, destinadas à Reforma Agrária.

Como já dito, **os movimentos sociais, muitas vezes, utilizam a ocupação como uma forma de pressão sobre o Estado**, na medida em que este não cumpre o seu papel constitucional, efetivando a reforma agrária.

A ocupação com esse propósito não se enquadra no tipo penal em referência, como será demonstrado a seguir. Antes, será feita breve análise do tipo penal.

De início, no tocante ao **sujeito ativo, o crime é comum**, já que qualquer pessoa pode cometê-lo.

A **consumação, por sua vez, dá-se com a invasão**, que é a entrada no imóvel alheio, sem autorização, e que pertence aos entes públicos. Não há necessidade, para parte da jurisprudência, de violência contra a pessoa, grave ameaça ou concurso de agentes, para o ingresso no imóvel (STJ, RHC nº 12.970/TO, Rel. Ministro Jorge Scartezzini, data do julgamento 17.12.2002). Outra parcela da jurisprudência entende que é necessária a violência para a configuração do tipo (TJSE, Apelação Criminal nº 201.800.329.335, Rel. Edson Ulisses de Melo – Julgado em 21.02.2019).

Quanto ao **bem jurídico (objeto de proteção do Direito Penal)**, é o patrimônio do ente público e a realização da reforma agrária. A invasão obviamente agride um bem público, mas também, em se tratando de imóvel para a reforma agrária, pode prejudicar a sua efetivação.

Quanto ao **dolo (intenção de realização do delito)**, este consiste na vontade de promover a invasão, ciente de que as terras pertencem à União, aos Estados ou aos Municípios.

Aqui, em especial para a incidência do parágrafo único do art. 20, surge um aspecto bastante importante de análise, que é o de saber se há ou não incidência do tipo penal para integrantes de movimentos sociais que ocupam um imóvel rural, a fim de que ele seja destinado à reforma agrária.

Na opinião de alguns doutrinadores, não há que se falar em crime nesta hipótese, já que a norma prevê no tipo subjetivo "intenção de ocupá-las". Em outras palavras, se a intenção for a de pressionar o governo para a realização da reforma agrária, não há que se falar em crime (DELMANTO JUNIOR, 2000).

Por outro lado, **há alguns doutrinadores que entendem pela configuração do crime, ainda que promovido por movimentos sociais, "se estiver presente o fim de manter-se, indefinidamente, na área invadida" (BALTAZAR JUNIOR, 2012, p. 328).**

No caso dos movimentos sociais, que almejam a reforma agrária, há um objetivo claro, qual seja, o de pressionar politicamente o governo para que ele tome as medidas necessárias de implementação da reforma agrária. Não há que se falar em ocupação por prazo indefinido da área. **Logo, nossa posição é a de que, se houver o objetivo da reforma agrária, não há crime do art. 20 da Lei nº 4.947/1966, por ausência de configuração de elemento subjetivo.**

Por óbvio, as ações que desbordem da pressão política, como, por exemplo, a destruição de patrimônio alheio, devem ser coibidas, acarretando a incidência de outras normas penais.

Sob a perspectiva do processo penal, **tem-se que referido delito não é de menor potencial ofensivo, uma vez que sua pena máxima é de três anos.**[1] Não há, pois, possibilidade de oferecimento pelo Ministério Público de transação penal (art. 76 da Lei n° 9.099/1995).

Caso se entenda, conforme parte da jurisprudência, que a violência contra a pessoa é necessária à configuração de referido tipo penal, não será oportunizado também o acordo de não persecução penal (art. 28-A do Código de Processo Penal CPP, incluído pela Lei n° 13.964/2019).

Restará, se preenchidos os requisitos, o oferecimento pelo Ministério Público da suspensão condicional do processo, já que a pena mínima é inferior a um ano (art. 89 da Lei n.° 9.099/1995).[2]

Por fim, seguem alguns julgados sobre o crime do art. 20 da Lei n° 4.947/1966:

APELAÇÃO CRIMINAL – **INVASÃO/OCUPAÇÃO DE TERRAS PÚBLICAS – ARTIGO 20, DA LEI 4.947/1966** – PRELIMINAR – INÉPCIA DA INICIAL – INACOLHIDA – DESCRIÇÃO DOS FATOS COM TODAS AS SUAS

---

[1]. Lei n° 9.099/1995: Art. 61. Consideram-se infrações penais de menor potencial ofensivo, para os efeitos desta Lei, as contravenções penais e os crimes a que a lei comine pena máxima não superior a 2 (dois) anos, cumulada ou não com multa.

[2]. Art. 89. Nos crimes em que a pena mínima cominada for igual ou inferior a um ano, abrangidas ou não por esta Lei, o Ministério Público, ao oferecer a denúncia, poderá propor a suspensão do processo, por dois a quatro anos, desde que o acusado não esteja sendo processado ou não tenha sido condenado por outro crime, presentes os demais requisitos que autorizariam a suspensão condicional da pena (art. 77 do Código Penal).

CIRCUNSTÂNCIAS DE FORMA A VIABILIZAR O PLENO EXERCÍCIO DO DIREITO DE DEFESA – PRESENÇA DOS REQUISITOS INSCULPIDOS NO ARTIGO 41, DO CPP – MÉRITO – PLEITO ABSOLUTÓRIO – ACOLHIDO – AUSÊNCIA DE DOLO – **AUSÊNCIA DO EMPREGO DE VIOLÊNCIA – ATIPICIDADE DA CONDUTA – PRECEDENTES DA JURISPRUDÊNCIA PÁTRIA** – ABSOLVIÇÃO É MEDIDA IMPERATIVA – APELO CONHECIDO E PROVIDO – UNÂNIME.

(...) 2. Em análise do mérito, restou comprovado que o Apelante é proprietário de oficina mecânica localizada às margens da Rodovia que liga os Municípios de Simão Dias a Poço Verde e os veículos a serem consertados foram estacionados na frente do seu estabelecimento, ao longo da via. **Ausente o dolo de ocupar a área pública, de forma permanente. Ausente o emprego de violência, conforme entendimento Jurisprudencial, para o implemento da conduta do art. 20, da Lei 4947/66.** Condenação afastada. 3. Recurso conhecido e provido (TJSE, Apelação Criminal nº 201.800.329.335 nº único 0001045-48.2017.8.25.0074 – Câmara Criminal, Tribunal de Justiça de Sergipe – Rel. Edson Ulisses de Melo – Julgado em 21.02.2019 – grifos nossos).

PENAL. AGRAVO REGIMENTAL NO RECURSO ESPECIAL. INVASÃO DE TERRAS PÚBLICAS. ART. 20 DA LEI N. 4.947/1966. CRIME PERMANENTE. ART. 111, III, DO CÓDIGO PENAL. PRECEDENTES. EXTINÇÃO DA PUNIBILIDADE. TERMO INICIAL DA PRESCRIÇÃO. DESOCUPAÇÃO DO BEM PÚBLICO. AGRAVO DESPROVIDO. 1. **O Superior Tribunal de Justiça possui entendimento majoritário no sentido de que o crime de invasão de terras públicas, tipificado no** art. 20 da Lei n. 4.947/1966, tem natureza permanente, pois a ação invasora, com ocupação das terras públicas, tem efeito contínuo, prolongando-se no tempo, por vontade do agente, sendo indiferente, nesse caso, eventual omissão do Poder Público de buscar reaver a posse do bem imóvel invadido, uma vez que se trata de bem indisponível. Assim, o prazo prescricional somente começa a fluir a partir da cessação da permanência, nos termos do art. 111, III, do Código Penal (AgInt no REsp nº 1689324/PB, Relator Ministro Sebastião Reis Júnior, Sexta Turma, julgado em 21.8.2018, *Dje* 3/9/2018).

2. Agravo regimental desprovido (AgRg no REsp nº 1.732.455/PB, Rel. Ministro Antonio Saldanha Palheiro, Sexta Turma, julgado em 14.05.2019, *DJe* 24.05.2019) – grifos nossos).

APELAÇÃO CRIMINAL. **ARTIGO 20 DA LEI 4947/1966.** JUSTA CAUSA. INÉPCIA DA DENÚNCIA. DENÚNCIA REJEITADA. JULGAMENTO ANTECIPADO DA LIDE AFASTADO. APELAÇÃO PARCIALMENTE PROVIDA.

1 – A Lei 4.947/1966 fixa normas de Direito Agrário, dispõe sobre o Sistema de Organização e Funcionamento do Instituto Brasileiro de Reforma Agrária e dá outras providências.

2 – Embora a propriedade do bem em questão pertença à Autarquia Federal (DNIT) vinculada ao Ministério dos Transportes, não há como desconsiderar que o tipo penal previsto no artigo 20 da Lei 4.947/1966 não inclui as Autarquias como proprietária do bem jurídico a ser protegido.

3 – De fato, conforme ressaltou o apelante, as Autarquias Federais somente foram previstas em momento posterior

à edição da Lei 4.947/1966, com o Decreto-Lei n° 200, de 25/02/1967. No entanto, mais de 50 anos se passaram, sem que o tipo penal fosse alterado, não sendo possível admitir em Direito Penal a analogia *in malan partem*.

4 – Ainda que assim não fosse, e s.m.j., **possam as áreas edificadas constantes da denúncia serem consideradas como bens públicos da União, destaca-se que o núcleo do crime consiste em "invadir, com intenção de ocupar", terras da União, o que pressupõe um ato forçado, ainda que de forma mínima.**

5 – Extrai-se dos depoimentos relacionados na exordial, que antes mesmo de os denunciados terem ciência de que a área pertencia ou poderia pertencer à União, os estabelecimentos comerciais já estavam instalados e em funcionamento há anos.

6 – Embora não seja este o momento processual adequado para se averiguar o dolo dos denunciados, fato é que a denúncia, ao fazer referência aos interrogatórios policiais por eles prestados para comprovar que tinham ciência de que a área "invadida" pertencia à União, acabou deixando de configurar o núcleo do tipo penal, qual seja, a "invasão" da área.

7 – Dessa forma, por todos os ângulos que se analisa, de fato, seria o caso de rejeitar a denúncia oferecida.

(...) (TRF 3ª Região, Décima Primeira Turma, Ap. – Apelação Criminal n° 70.162, 0002001-74.2016.4.03.6111, Rel. Desembargadora Federal Cecilia Mello, julgado em 27.06.2017, *e-DJF*3 Judicial 1 Data: 06.07.2017 – grifos nossos).

Referências

AMADO, Frederico Augusto di Trindade. *Direito ambiental esquematizado*. 2. ed. São Paulo: Método, 2011.

ASSIS NETO, Sebastião de; JESUS, Marcelo de; MELO, Maria Izabel de, *Manual de direito civil*. Salvador: Juspodivm, 2013.

ÁVILA, Humberto. *Teoria dos princípios*: da definição à aplicação dos princípios jurídicos. 13. ed. revista e ampliada. São Paulo: Malheiros, 2012.

BALTAZAR JUNIOR, José Paulo. *Crimes federais*. 8. ed. Porto Alegre: Livraria do Advogado, 2012.

BARROS, Wellington Pacheco. *Curso de direito agrário*. 6. ed. Porto Alegre: Livraria do Advogado, 2009.

BARROSO, Luís Roberto. *Curso de direito constitucional contemporâneo*: os conceitos fundamentais e a construção do novo modelo. 2. ed. São Paulo: Saraiva, 2010.

BASTOS, Celso Ribeiro. *Curso de direito constitucional*. 12. ed. São Paulo: Saraiva, 1990.

BERCOVICI, Gilberto. *Constituição econômica e desenvolvimento*: uma leitura a partir da Constituição de 1988. São Paulo: Malheiros, 2005.

BORGES, Paulo Torminn. *Institutos básicos do direito agrário*. 4. ed. São Paulo: Saraiva, 1983.

BORGES, Paulo Torminn. *Propriedade que descumpre função social não tem proteção constitucional*. 2015. Disponível em:

http://www.conjur.com.br/2015-dez-06/estado-economia--propriedade-nao-cumpre-funcao-social-nao-protecao-constitucional. Acesso em: 28 mar. 2016.

BORGES, Paulo Torminn. Reformas de base e a superação do subdesenvolvimento. In: *Cadernos de pós-graduação em direito*. São Paulo: Comissão de Pós-Graduação da Faculdade de Direito da USP, nº 27, 2014.

BONAVIDES, Paulo. *Curso de direito constitucional*. 22. ed. São Paulo: Malheiros, 2008.

BORGES, Rodrigo Lanzi de Moraes. Os princípios na teoria dos direitos fundamentais de Robert Alexy. In: *Revista dos Tribunais*, São Paulo: Revista de Processo, nº 182, p. 331-361, abr. 2010.

BRASIL. Advocacia-Geral da União. *Lei Complementar 76/93 comentada pela PFE/INCRA*. Brasília: EAGU, ano IV, nº 20, ago. 2012.

BRASIL. Instituto Nacional de Colonização e Reforma Agrária. *Lei 8.629/93 comentada por procuradores federais*. Brasília: INCRA, 2011.

BRASIL. Instituto Nacional de Colonização e Reforma Agrária. *Balanço da gestão da PFE/INCRA de 2003/2010 & perspectivas*: um compromisso com a reforma agrária. Brasília: INCRA, 2010.

BRASIL. Ministério Público Federal. *Regularização fundiária em unidades de conservação*. Brasília: MPF, 2014.

CAMPOS, Francisco. Poder de emenda. Reforma agrária. *Bahia Forense*, vol. 6, nº 5, p. 24-35, jun./dez. 1967.

CARNEIRO, Hamilton Gomes. *Expropriação do imóvel rural pela existência de trabalho escravo*. Curitiba: Juruá, 2021.

CARVALHO, Josué Tomazi de; FIDELES, Junior Divino; MACIEL, Marcela Albuquerque. *Direito agrário*. 2. ed. Salvador: Juspodivm, 2018.

CARVALHO FILHO, José dos Santos. *Manual de direito administrativo*. 20. ed. Rio de Janeiro: Lumen Juris, 2008.

CHACPE, Juliana Fernandes. *Do conceito de imóvel rural como unidade de exploração econômica*: consequências quanto à forma de elaboração de laudo agronômico de fiscalização e a classificação fundiária do imóvel para fins de desapropriação para reforma agrária. 2011. Disponível em: http://www.incra.gov.br. Acesso em: 16 mar. 2016.

COELHO, José Fernando Lutz. *Contratos agrários*: uma visão neoagrarista. 2. ed. Curitiba: Juruá, 2016.

COMPARATO, Fábio Konder. Direitos e deveres fundamentais em matéria de propriedade. In: STROZAKE, Juvelino José (Org.). *A questão agrária e a justiça*. São Paulo: Revista dos Tribunais, 2000. p. 131-147.

CYSNEIROS, Vicente Cavalcanti. *O estrangeiro e a propriedade rural*. Porto Alegre: Sergio Antonio Fabris, 1985.

DALLARI, Dalmo de Abreu. *Elementos de teoria geral do estado*. 13. ed. São Paulo: Saraiva, 1987.

DELMANTO JUNIOR, Roberto. O movimento dos trabalhadores rurais sem-terra em face do direito penal. In: STROZAKE, Juvelino José (Org.). *A questão agrária e a justiça*. São Paulo: Revista dos Tribunais, 2000. p. 310-365.

DI PIETRO, Maria Sylvia Zanella. *Direito administrativo*. 10. ed. São Paulo: Atlas, 1998.

DINIZ, Maria Helena. *Manual de direito civil*. São Paulo: Saraiva, 2011.

DUARTE, Nestor. *Reforma agrária*. Rio de Janeiro: Imprensa Nacional, 1953.

ESTERCI, Neide. Amazônia: Povos tradicionais e luta por direitos. In: BOTELHO, André; SCHWARCZ, Lilia Moritz (Orgs.). *Cidadania, um projeto em construção*: minorias, justiça e direitos. São Paulo: Claroenigma, 2012.

FACHIN, Luiz Edson. Conceituação do direito de propriedade. In: *Doutrinas essenciais de direitos humanos*, São Paulo: Revista dos Tribunais, vol. 2, p. 813-852, ago. 2011. DTR\2012\681.

FREIRIA, Rafael Costa; DOSSO, Taisa Cintra. *Direito agrário*. 2. ed. Salvador: Juspodivm, 2018.

GAGLIANO, Pablo Stolze; PAMPLONA FILHO, Rodolfo. *Novo curso de direito civil*: parte geral. 12. ed. Saraiva: São Paulo, 2010. vol. 1.

GONÇALVES, Carlos Roberto. *Direito civil brasileiro*. 8. ed. São Paulo: Saraiva, 2010.

GONÇALVES, Carlos Roberto. *Direito civil*: parte geral. São Paulo: Saraiva, 2011. vol. 1. (Coleção Sinopses Jurídicas,).

GONÇALVES, Carlos Roberto. *Direito das coisas*. 6. ed. São Paulo: Saraiva, 2003. vol. 3. (Coleção Sinopses Jurídicas).

GRAU, Eros Roberto. *A ordem econômica na Constituição de 1988*. 16. ed. São Paulo: Malheiros, 2014.

GUGLIELMI, Vito José. As terras devolutas e seu registro. *Revista de Direito Imobiliário*, São Paulo, vol. 29, p. 86-114, jan.-jun. 1992.

HAVRENNE, Michel F. D. A aquisição de imóveis rurais por estrangeiros no Brasil. *Revista dos Tribunais*, São Paulo, vol. 919, p. 85-108, 2012.

HAVRENNE, Michel F. D. A compra e venda como meio de implementação da reforma agrária no Brasil. *Revista dos Tribunais*, São Paulo, vol. 949 p. 71, nov. 2014.

HAVRENNE, Michel F. D. *País tem o dever de efetivar regularização de terras quilombolas*. 2018a. Disponível em: https://www.conjur.com.br/2018-mar-18/michel-havrenne-pais-dever-regularizar-terras-quilombolas. Acesso em: 11 dez. 2020.

HAVRENNE, Michel F. D. *Regularização fundiária rural*. Curitiba: Juruá, 2018b.

HIDALGO, Telmo. *Reforma agraria, ideología y política*. Quito: Ediciones La Tierra, 2010.

HOLANDA, Sérgio Buarque de. *Raízes do Brasil*. 26. ed., 34. reimp. São Paulo: Companhia das Letras, 1995.

JULIÃO, Francisco. "O ABC do camponês" e outros textos das ligas camponesas. In: STEDILE, João Pedro (Org.). *A questão agrária no Brasil*: história e natureza das ligas camponesas – 1954-1964. São Paulo: Expressão Popular, 2006.

MARQUES, Benedito Ferreira. *Direito agrário brasileiro*. São Paulo: Atlas, 2009.

MARTINS, José de Souza. *Reforma agrária*: o impossível diálogo sobre a história possível. Disponível em: http://www.revistas.usp.br. Acesso em: 04 dez. 2014.

MAZZILLI, Hugo Nigro. *A defesa dos interesses difusos em juízo*. 17. ed. São Paulo: Saraiva, 2004.

MEIRELLES, Hely Lopes. *Direito administrativo brasileiro*. 30. ed. atualizada por Eurico de Andrade Azevedo, Délcio Balestero Aleixo e José Emmanuel Burle Filho. São Paulo: Malheiros, 2005.

MOREIRA, Igor. *O espaço geográfico, geografia geral e do Brasil*. São Paulo: Ática, 1990.

NAÇÕES UNIDAS. Agenda 2030 para o desenvolvimento sustentável. 2015. Disponível em: https://brasil.un.org/pt-br/91863-agenda-2030-para-o-desenvolvimento-sustentavel. Acesso em: 10 jan. 2022.

OLIVEIRA, Ludmila Junqueira Duarte. Regularização fundiária de unidades de conservação. *Boletim Científico*, Brasília: ESMPU, ano 9, n° 32/33, p. 143-176, jan./dez. 2010.

OPITZ, Silvia C. B.; OPITZ, Oswaldo. *Curso completo de direito agrário*. 2. ed. São Paulo: Saraiva, 2007.

PEREIRA, Deborah Macedo Duprat de Britto (Org.). *A Convenção n. 169 da OIT e os estados nacionais*. Brasília: ESMPU, 2015.

PEREIRA, Deborah Macedo Duprat de Britto. *O estado pluriétnico*. 2002. Disponível em: http://www.mpf.mp.br/atuacao-tematica/ccr6/documentos-e-publicacoes/artigos/docs/artigos/docs_artigos/estado_plurietnico.pdf. Acesso em: 11 dez. 2020.

PEREIRA, Osny Duarte. *Que é a Constituição?*: crítica à carta de 1946 com vistas a reformas de base. Rio de Janeiro: Civilização Brasileira, 1964.

PINTO JÚNIOR, Joaquim Modesto; FARIAS, Valdez Adriani. *Função social da propriedade*: dimensões ambiental e trabalhista. Brasília: Núcleo de Estudos Agrários e Desenvolvimento Rural, 2005.

REVISTA VEJA. *AGU garante ao INCRA posse de imóvel de traficante*. Disponível em: https://veja.abril.com.br/brasil/agu-garante-ao-incra-posse-de-imovel-de-traficante/. 2011. Acesso em: 21 nov. 2020.

ROCHA, Ibraim; TRECCANI, Girolamo Domenico; BENATTI, José Heder; HABER, Lilian Mendes; CHAVES, Rogério Arthur Friza Chaves. *Manual de direito agrário constitucional*. Belo Horizonte: Fórum, 2010.

SANTOS, Mauro Sérgio dos. *Curso de direito administrativo*. Rio de Janeiro: Forense, 2012.

SARMENTO, Daniel. *Territórios quilombolas e Constituição*: a ADI 3.239 e a constitucionalidade do Decreto 4.887/03. 2008. Disponível em: http://www.mpf.mp.br/atuacao-tematica/ccr6/documentos-e-publicacoes/artigos/docs/artigos/docs_artigos/Territorios_Quilombolas_e_Constituicao_Dr._Daniel_Sarmento.pdf. Acesso em: 11 dez. 2020.

SCAFF, Fernando Campos. *As características jurídicas dos contratos agrários típicos*. 2017. Disponível em: https://www.conjur.com.br/2017-ago-11/direito-agronegocio-caracteristicas-juridicas-contratos-agrarios-tipicos. Acesso em: 12 dez. 2020.

SEGER, Franciele; HAVRENNE, Michel François Drizul. O desafio do desenvolvimento sustentável: em busca de um "mercado verde" por meio da tributação ambiental. *Revista Direito e Sociedade*, vol. 1, p. 153-168, 2013. Disponível em: http://www.fema.com.br. Acesso em: 14 fev. 2016.

SILVA, Angela. Terras devolutas. *Revista de Direito Imobiliário*, São Paulo, vol. 14, p. 42-82, jul.-dez. 1984.

SILVA, José Afonso da. *Curso de direito constitucional positivo*. 20. ed. São Paulo: Malheiros, 2002.

SILVA, José Afonso da. *Direito ambiental constitucional*. 4. ed., 2. tir. São Paulo: Malheiros, 2003.

SILVA, José Gomes da. *A Reforma agrária na virada do milênio*. 2. ed. Maceió: EDUFAL, 1997.

SILVA, José Graziano da. *O que é questão agrária*. 14. ed. São Paulo: Brasiliense, 1987. (Coleção Primeiros Passos).

TELLES JUNIOR, Goffredo. *O povo e o poder*. 2. ed. São Paulo: Juarez de Oliveira, 2006.

VENOSA, Silvio de Salvo. *Direito civil*: direitos reais. 5. ed. São Paulo: Atlas, 2005.